Walter Bodhi

Das System der Verführung

Routinen
Handbuch

250 Pick-Up-Methoden

www.Routinen.com

ISBN: 978-3-842-32798-6
3. Auflage
Herausgeber: ZHI CONsulting
© 2011 Walter Bodhi - www.Routinen.com
Herstellung und Verlag: Books on Demand GmbH,
Norderstedt

Inhaltsverzeichnis

Vorwort von Ben Schwarz

Ich mache kein Pick-Up. Überhaupt kenne ich nur wenige Männer, die von sich selbst mit Stolz behaupten, sie würden Frauen „pick-upen". Wenn du sie fragst, dann weichen sie der Antwort meistens aus. Dabei gibt es überhaupt keinen Grund dafür! Ich war auch einer davon. Die, die der Frage so unbeholfen ausweichen, auch sie waren oder sind noch welche. Und auch du bist einer davon - oder im Begriff, einer zu werden. Aber was ist das überhaupt, ein „Pick-Up-Artist"? In Wirklichkeit ist das keine Fähigkeit, es hat nichts mit Können zu tun. „Pick-Up" ist ein Prozess. Ein Prozess positiver Veränderung, während dem du dich von einem „Ich", dein Ich, das dir vielleicht nicht ganz so gut gefällt, hin entwickelst zu einem ganz besonders schönen, neuen Du. Eine Persönlichkeitsentwicklung, die allumfassend ist. Und wenn du in zwei Jahren an den heutigen Tag zurückdenkst wirst du dich daran mit Stolz und Freude erinnern. Es war der Tag, an dem du beschlossen hast, besser zu werden. Dieser Tag ist heute!

Doch um wirklich erfolgreich zu sein braucht es mehr als nur guten Willen. Es braucht eine praktische Anleitung. Dieses Buch ist so eine Anleitung. Walter Bodhi hat genau den Prozess durchlaufen, in dem auch du dich gerade befindest. Er hat in mühsamster und zeitaufwändiger Arbeit, fast ein Jahrzehnt hat es ihn gekostet, die unterschiedlichsten Verführungs-Routinen ausprobiert, getestet und erprobt. Dabei ist er gescheitert, immer wieder, manchmal glimpflich, manchmal mit Bauchfleck. Aber er hat nie aufgegeben! Und genau das hat ihn zu einem Gewinner gemacht: denn heute weiß er ganz genau, welche Routinen funktionieren und welche völliger Bullshit sind. Die besten davon gibt er an dich weiter und erspart dir dadurch die Zeit und Mühe, selbst herauszufinden, welche Routinen gut sind und welche nicht. Doch auch die beste Routine wird nur dann funktionieren, wenn du weißt, wie sie richtig eingesetzt wird. Deshalb empfehle ich dir folgendes: Nimm diese 250 Top-Routinen als deine persönlichen Stützräder wahr. So wie du auch als kleines Kind Fahrradfahren gelernt hast, konntest du nicht von heute auf morgen das Gleichgewicht mit nur zwei Rädern halten. Doch dank deiner Stützräder, die Routinen, konntest du dich darauf verlassen, dass du zumindest stehen bleibst und auf die wirklich wichtigen Dinge konzentrieren: Wie reagieren deine Gesprächspartner auf dich? Ist Sympathie da und wenn ja, was wirst du als nächstes tun? Passt deine Körpersprache zu dem, was du sagst und verbreitest du gute Stimmung?

Sobald du gelernt hast, auf diese Feinheiten in der Kommunikation zu achten, die ein nettes Gespräch von einem erfolgreichen Flirt unterscheiden, wirst du nur noch die besten Routinen einsetzen, jene, die du wirklich zu schätzen gewonnen hast. Und bis dahin werden sie deine treuesten Begleiter und hilfreichsten Werkzeuge sein, die du hast. Nutze sie!

Ich wünsche dir nur das Beste und viel Erfolg, dein Ben Schwarz

Einleitung

Vielen Dank für Ihr Vertrauen, lieber Leser! Sie sind nun nur noch wenige Momente davon entfernt, Ihr Leben in ein Dasein voller Anziehungskraft für Frauen und alles Positive zu verwandeln.

Knapp davon entfernt, Ihrem Leben einen gewaltigen Schub in Richtung Anziehungskraft und Glück zu geben. Wenn Sie beständig an sich arbeiten, egal was kommt dran bleiben, werden Sie bald wunderschöne Frauen in Ihr Leben ziehen, ähnlich einem starken Magneten, der feine Eisenspäne anzieht.

Eine Routine ist ein vorgefertigtes Sprachmuster, wie sie z.B. Politiker oder andere erfolgreiche KOMMUNIKATIONSGURUS verwenden, die in anderen Personen sofort tiefgreifende Emotionen, Reize und Bindungen wecken.

Eine Routine besteht prinzipiell aus 3 Ebenen:

1. Verbale Ebene: Das gesprochene Wort.
2. Kongruenz Ebene: Wie kongruent sind Sie mit dem, was Sie aussagen.
3. Die emotionale Ebene: wie Tonalität, Gestik, Mimik, Lautstärke, Sprechgeschwindigkeit usw.

Jeder benutzt Routinen. Sobald Sie etwas wiederholt erzählen, sobald Sie irgendeine Art von Gesprächsmuster immer wieder verwenden, SIND DAS BEREITS ROUTINEN! Sie beginnen zu erkennen, dass WORTE nur TRÄGER von Emotionen sind, die in Frauen ausgelöst werden. Alles, was wir tun und sagen, zielt nur darauf ab, eine gewisse Emotion oder ein Gefühl in einer Frau auszulösen. Das Gefühl, dass sie von Ihnen im Arm gehalten werden will. Das Gefühl, dass sie bei Ihnen sicher ist. Das Gefühl, dass sie sich bei Ihnen so wohl fühlt, dass sie Sie mit nach Hause nimmt.

Aber etwas ganz, ganz Wichtiges sollten Sie noch beachten!

Routinen sind nur ein kleiner Part dieses Projekts. Dennoch ist es wichtig für Sie, herauszufinden, welche zu Ihnen passen und wie Sie sie in ihre Flirts einbauen können.
(Wer sie nicht nutzen will, der kann ja schon mal mit den anderen vielen starken Sachen unter dem Link: **www.Routinen.com** arbeiten)

Des Weiteren kann ich Ihnen die Buchtipps, die auf der Homepage zu finden und dort ganz einfach über Amazon zu bestellen sind, wärmstens empfehlen.

Die Routinen werden Sie gewaltig in Ihren Schritten zum Glücklichsein voranbringen und Ihre Gespräche mit Frauen um ein Wesentliches vereinfachen. Allerdings sollten sie nur als Starthilfen oder Krücken für Ihre Anfänge mit dem erfolgreichen Flirten verwendet werden.

Wenn Sie dann in Ihrer Entwicklung so weit sind, um frei mit Frauen schäkern zu können und immer wissen, was Sie sagen müssen, können Sie sich langsam von den Routinen trennen und die anderen Angebote auf der Plattform erkunden.

Die Routinen sollten Sie nicht einfach alle auswendig lernen. Achten sie viel mehr darauf, Routinen auszuwählen, **die zu Ihnen und Ihrer Persönlichkeit passen**. Schließlich geht es hier um Persönlichkeitsentwicklung und nicht um Persönlichkeitsveränderung!
Wenn die Routinen nicht zu Ihnen passen, werden Sie es sehr schnell spüren. Aber genauso werden die Frauen registrieren, dass Sie sich gerade seltsam verhalten und Ihnen anzeigen, dass sie das sehr unattraktiv finden.

Manche Frau sagt dann:
„Ich muss auf die Toilette" oder „Ich schau mal wieder rüber zu meinen Freundinnen" oder sie wird sich einfach irgendwann nicht mehr bei Ihnen melden.
Diese Liste ließe sich noch unendlich lang fortführen…

Wenn Sie Frauen erobern wollen, dann wollen Sie natürlich das alles vermeiden. Deswegen betone ich an dieser Stelle noch einmal, dass Ihre ausgewählten Routinen kongruent mit ihrer Persönlichkeit sein müssen. Sie müssen, beziehungsweise können, die Routinen so verändern, dass sie zu Ihnen passen, wie ein maßgeschneiderter Anzug.
Anschließend verwenden und üben Sie sie dann so lange, bis sie Ihnen in Fleisch und Blut

übergehen - der Schlüssel zum authentischen Auftreten. Sie sollten dabei nicht mehr nachdenken müssen.

Die Routinen sollten ganz automatisch, wie etwa das Autofahren, für Sie funktionieren. Sonst bekommen Sie, wenn überhaupt, das Charisma eines Toastbrotes.

Wenn Sie irgendwo in Ihren Gedanken herum suchen, wie zum Beispiel, „Was muss ich jetzt genau sagen", oder „Was passt jetzt am besten?", dann können Sie nicht im Hier und Jetzt sein und verlieren damit einen großen Teil Ihrer Ausstrahlung und Anziehungskraft.

Getreu dem englischen Motto: „Always be a first rate version of yourself instead of a second rate version of someone else."
(Frei übersetzt: Sei immer die erstklassige Version deiner selbst, anstatt eine mangelhafte Kopie eines anderen zu sein).

Wählen Sie Routinen, die Ihre Persönlichkeit wiederspiegeln, so haben Sie die Chance, eine echte „Marke" zu werden: Ein Mann, der mit seinem Auftreten wirkt, beeindruckt und anzieht.

Wenn Sie hingegen versuchen, jemand zu sein, der Sie gar nicht sind, wird das von einer Frau schneller aufgedeckt, als Sie ahnen. Nehmen wir zur Verdeutlichung einen Mann, der sportscheu ist und einen Bauchansatz (oder netter ausgedrückt Feinkostgewölbe) hat. Viele Männer versuchen dieses Problem zu lösen, indem sie einfach immer versuchen, ihren Bauch einzuziehen. Besonders oft ist das zu sehen, wenn sich eine schöne Frau in der Nähe befindet.

Aber ich kann Ihnen eines vorab verraten: Kein Mann schafft es 24 Stunden lang, seinen Bauch einzuziehen. Meistens gibt es immer wieder Momente der Unachtsamkeit, in denen für alle Umstehenden „die Wahrheit" zu sehen ist. Der beschriebene Mann versucht jemand zu sein, der er gar nicht ist. Dass so etwas Frauen schneller vertreibt, als massiver Mundgeruch, dürfte wohl jedem klar sein!

Dieses Beispiel soll Ihnen verdeutlichen, dass Sie besser den „echten" Weg, also den sportlichen Weg wählen. Klar kostet es mehr Zeit, Routinen aus den Sammlungen heraus zu suchen, die genau auf Sie passen und es erfordert kreative Arbeit, um sie noch passender zu machen. Aber das ist in jedem Falle ein lohnenswerter Aufwand – und die Frauen werden es Ihnen danken.

Als zweites möchte ich Ihnen eines mit auf den Weg geben: Bleiben Sie dran und arbeiten Sie hart an sich. Wer etwas erreichen will, findet einen Weg, wer nicht, findet Gründe. So ist es zum Beispiel Thomas Edison erst beim zehntausendsten Versuch gelungen, die Glühbirne zum Leuchten zu bringen.

Und Walt Disney hatte von 302 Banken eine Absage bekommen, bevor er eine Bank fand, die ihm einen Kredit gewährte, um sich seinen Traum zu erfüllen.

Sie müssen die Einstellung haben: **„Egal, was passiert, ich schaffe es!"**

Hier ein kleines Beispiel mit Pfeil und Bogen:

Eugen Herrigel beschreibt in „ZEN in der Kunst des Bogenschießens", wie er jahrelang üben musste, nur um den Bogen richtig ansetzen und spannen zu können. Aber die Reife, den Pfeil abschießen zu dürfen, hatte er immer noch nicht erlangt. Als er nach Jahren wieder einmal entmutigt fragte, wann man denn Zielen und Treffen lerne, führte ihn der Meister in die Schießanlage. Der Meister schoss den Pfeil ins Zentrum der Scheibe. Der zweite Pfeil traf den ersten. So wie wir als Kleinkind das Gehen mühevoll lernen müssen, so lange, bis es uns in Fleisch und Blut übergegangen ist, so übt auch der Bogenschütze, der Golfspieler, der Pianist, und auch der Verführer (Frauen wollen schließlich verführt werden und nicht 08/15 angebaggert!), bis er vollkommen eins wird mit dem was er tut, und bis es wie von selbst geht.

Mein dritter und letzter wichtiger Rat für Sie ist: Ärgern Sie sich nicht, wenn es nicht gleich (Ansprechen, Kuss oder mehr) klappt. Sehen Sie es für sich als Übung und nehmen Sie sich vor, es beim nächsten Mal einfach besser zu machen, denn es gibt auf dieser Welt über drei Milliarden Frauen und geschätzt sind mindestens 100 Millionen davon sehr hübsch. Also verinnerlichen Sie die Einstellung: „DIE NÄCHSTE BITTE!"

Diese Einstellung lernte ich am meisten am Beispiel der Möwen. Ich verdanke den Möwen eine meiner wichtigsten Lebenserfahrungen. Sie lehrten mich, dass es völlig unnötig ist, sich zu ärgern oder sich beleidigt, traurig oder zornig zu fühlen.

Wenn ich den Möwen von der Seeterrasse aus Brotbrocken zuwerfe, versuchen die Möwen alle, noch bevor sie ins Wasser fallen, schon im Flug etwas zu erhaschen. Alle Möwen, die dem jeweiligen Brocken am nächsten sind, stürzen sich auf ihn. Aber nur eine erwischt ihn. Die anderen kehren, ohne beleidigt zu sein, zurück und warten auf die nächste Gelegenheit. Wenn abermals Brot ins Wasser fällt, schießen sie wiederum darauf los. Während die Siegerin mit der Beute entflieht, versucht eine andere, ihr den Brocken laut kreischend abzujagen. Gelingt es ihr, das Brot wegzuschnappen, kehrt die beraubte Möwe sogleich in die Kreisbahn der nach Beute jagenden Vögel zurück, ohne beleidigt, zermürbt oder frustriert zu sein. Sie macht sich keine Gedanken darüber, wer ihr das Brot weggefressen hat, sondern sagt sich: „Was vorbei ist, ist vorbei!" Sie führt den Kampf sachlich und nicht persönlich. Sie macht ihn nicht zum Konflikt. Wichtig ist ihr die nächste Gelegenheit.
Genauso müssen auch wir mit einem Korb von einer heißen Blondine umgehen! Die magischen Wörter sind **„DIE NÄCHSTE BITTE!"**

Und hier ist ein Satz, den Sie sich für Ihr ganzes Leben verinnerlichen sollten!

Alles was Sie innerlich fühlen, strahlen Sie auch nach außen hin aus. Sie ziehen Menschen an, die zu diesem Gefühl passen bzw. darauf reagieren und Sie dementsprechend behandeln. Walter Bodhi

Nun aber genug des Lesens, denn wie Sie wissen, warten da draußen hunderte Millionen schöne Frauen auf Sie, also auf in den „Nahkampf".

Ich wünsche Ihnen dabei viel Spaß und Erfolg, und vor allem viel Genuss.

Um Ihnen zum Erfolg zu verhelfen, habe ich dieses Buch, und die Internet-Plattform in vielen Stunden und mit viel Liebe geschrieben.

Zudem wurde das Buch von erfahrenen Experten der Flirt- und Verführungskunst, sowie Fachleuten in NLP und Hypnose überarbeitet und perfektioniert.

Ich bin dankbar für jede Kritik und für jedes Feedback.

Senden Sie dieses bitte an:
walterbodhi@gmail.com

Pick-Up-Glossar
für Eilige

Auf dieser Seite befinden sich womöglich viele oder zumindest einige Wörter, von denen Sie mit Sicherheit noch nichts gehört haben. Keine Sorge, ich lasse Sie nicht im Walde stehen, sondern erläutere sie Ihnen in dieser Rubrik.

Hier finden Sie eine Mini-Ausgabe der Pick-Up-Sprache und deren Abkürzungen, die im Buch verwendet werden. Diese Sprache hat den Vorteil, dass sie Sachverhalte, welche die Verführung betreffen, sehr schnell auf den Punkt bringen kann. Eine Riesen-Sammlung, die ständig aktualisiert und erweitert wird, finden Sie auf meiner Internetseite www.Routinen.com

P.S.: Fehlt noch etwas in der Liste? Wenn ja, freue ich mich, wenn Sie mir eine kurze Notiz an:
walterbodhi@gmail.com schicken.

PUA/ Pick-Up-Artist
Ein Verführungskünstler.

HB - Hot Babe
Eine hübsche Frau.

Target
Die Zielfrau, die Sie verführen wollen.

Wing –Wingman
Ein Freund von Ihnen, der in die Szene bzw. in Ihre Verführung eingeweiht ist und der Ihnen bei der Verführung unter die Arme greift.

Obstacle
Die Freundin der Ziel-Frau, die versucht, Ihre Ziel-Frau von Ihnen abzubringen.

Approach
Das eigentliche Ansprechen.

Opener
Ein Gesprächsöffner, mit der die Verführung eingeleitet wird.

Neg-Hit
Ein Kommentar, der die Arroganz und ihre Abwehrmechanismen senken und Persönlichkeit demonstrieren soll.

Opener

Anmerkung:
Ein Opener ist ein Eröffnungsgespräch, also das erste Gespräch, das Sie mit einer Frau führen.

1. Wer lügt mehr?
(Ja, ich weiß, den haben Sie noch nie gehört, aber der hat es in sich.)
PUA: „Hey! Ich brauche jetzt wirklich mal eine weibliche Meinung, denn wir streiten uns schon die ganze Zeit und wollen eigentlich wissen: Wer lügt mehr: Männer oder Frauen?"
HB: <sagt was>.
PUA: „Ich finde, Männer haben so die kleineren Lügen, wie: „Nein Schatz, dein Hintern sieht nicht dick aus in dieser Hose", und Frauen haben mehr so die größeren Lügen, wie: „Aber nein, mein Schatz, das Kind ist ganz sicher von dir!"

2. Ansprech-Umfragen-Opener
PUA: „Hey, wie müsste man dich ansprechen, dass du vom ersten Augenblick an hin und weg bist?"

3. Null Plan
PUA: „Eigentlich habe ich nichts zu sagen, mir fällt auch nichts ein, aber ich möchte gerne mit dir reden!"

4. SMS
(Sie macht mit dem Handy rum).
PUA: „Du schreibst, schreibst und schreibst, aber bei mir kommt nichts an…"

5. Outfit

(Auf ihr Oberteil zeigen).

PUA: „Hey, cooles Oberteil, dasselbe wollte ich heute auch anziehen!"

(Als nächstes können Sie sagen:)

PUA: „Mir passt es sicher besser als dir!"

PUA: „Zumindest würde ich mehr Aufmerksamkeit bekommen als du!"

PUA: „Meins ist wenigstens noch nicht so ausgewaschen wie deins!"

PUA: „Hast du nur das eine?"

usw.

6. Eifersucht

PUA: „Hey Leute, ich brauch eine weibliche Meinung. Es dauert nur eine Minute.

Die Freundin meines Kumpels X hat eine Schuhschachtel in seinem Schrank gefunden und ist sauer darüber. Es ist nichts Schlimmes, nur Bilder von ihm und seiner Ex. Liebesbriefe, die er in der Schule und so bekam. Aber aus irgendeinem Grund ist seine Freundin total ausgerastet und verlangt von ihm, dass er das Zeug los wird oder sie will Schluss machen.

Ist das ein normales, weibliches Verhalten?

Sie will dass er die Schachtel verbrennt oder sie verlässt ihn, ist das nicht... bescheuert?"

7. Fussel

Variante 1:

(Sie verstecken in Ihrer Hand einen Fussel, eine Feder oder ähnliches. Sie gehen auf das Target zu, wundern sich sichtbar, greifen zu ihrer Schulter, zeigen ihr den Fussel und fragen sie dann, ob das jetzt „In" ist, oder ob sie öfters Ähnliches mit sich herumträgt.)

Variante 2:

Sie gehen am Target (Ihrer Ziel-Frau) vorbei und ziehen einen Fussel von ihrer Schulter, legen diesen in des Targets Hand, schütteln den Kopf und gehen wieder!

Dann warten Sie etwas und machen das Gleiche nochmal. Erste Verwunderung wird sich bei ihr breitmachen.

Und dann noch ein drittes Mal.

Der Unterschied beim drittes Mal ist folgender: Sie haben eine ganze Hand voll mit Fusseln, die Sie ihr in die Hand legen.

(Das Target wird sich verbiegen vor Lachen! Es folgen Routinen.)

8. Tattoo

(Vorweg: Weggehkörpersprache)

PUA: „Ich muss gleich wieder weg - brauche nur schnell eine (weibliche) Meinung"

„Meine beste Freundin ist gerade mal drei Monate mit ihrem Freund zusammen. Jetzt will sie sich ein Tattoo mit seinem Namen machen lassen. Was meint ihr dazu?"

9. Übersinnliche Fähigkeit

PUA: „Hey, ich muss Dich unbedingt was fragen! Vor kurzem hab ich einen genialen Test im Radio gehört und mich würde es brennend interessieren, was du dabei für eine Antwort geben würdest.

Also wenn du eine übersinnliche Fähigkeit haben und dich zwischen der Fähigkeit zu fliegen oder der Fähigkeit, unsichtbar zu sein entscheiden

könntest, für welche Fähigkeit würdest du dich entscheiden?"
HB: <Sagt irgendetwas>.
PUA: „Hm, das ist aber interessant. Genau so hätte ich dich eingeschätzt. Das sagt viel über deine Persönlichkeit aus."

(Wenn sie sich fürs Fliegen entscheidet, sagen Sie:)
PUA: „Du steckst voller Energie und Tatendrang, du würdest am liebsten die ganze Welt bereisen. Dir sind Ergebnisse sehr wichtig und du bist ziemlich neugierig."

(Wenn sie sich fürs Unsichtbarwerden entscheidet, was sie fast immer wählen, sagen Sie:)
PUA: „Dir ist sehr wichtig, was andere über dich denken. Du würdest dich am liebsten unsichtbar machen und jemandem nachspionieren, um zu wissen, was man über dich denkt und redet.
Dir sind Beziehungen zu anderen sehr wichtig, du suchst insgeheim Bestätigung durch andere und du bist ziemlich neugierig."

10. Selbstbefriedigung
PUA: „Hey, hast du gewusst, dass 93% der Frauen während dem Duschen masturbieren, und 7% singen ein Lied? Weißt du, welches Lied die singen?"
HB: „Nein."
PUA: „Tja, dann gehörst du zu den 93%."

11. Extremer Alpha-Mann
(Wenn Ihr Target sich gerade auf den Weg nach Hause macht, nachgehen und sagen)

PUA: „Hey, Du kannst jetzt nicht gehen."
HB: „Warum?"
PUA: „Ich hab noch nichts geredet mit dir!"

12. Blickkontakt

PUA: „Hey, du hast mich gerade angeblinzelt!"
HB: <sagt was>.
(Sie warten bis sie blinzeln muss, dann sagen Sie:)
PUA: „Schau, schon wieder!"

13. Etiketten

(So tun, als würden Sie ihr das Kleideretikett hinten hinein stecken)
PUA: „Hey, dir schaut das Etikett hinten raus!"
PUA: „Bist du immer so unterwegs?"
(Wenn sie es merkt, können Sie immer noch sagen)
PUA: „Mir ist sonst nichts eingefallen, wie ich dich sonst hätte ansprechen sollen."

14. Dirty Dancing

PUA: „Hey, weißt du bei welchen Film der Satz, Nobody put Baby in Corner, vorkommt?"
(Wenn sie es nicht weiß, können Sie sie necken, denn sie ist absolut unromantisch).
Der Film: Dirty Dancing.

15. Zickenstreit

PUA: „Du liebe Güte, hast du die zwei Mädels gesehen, die sich draußen fast die Augen ausgekratzt haben? Die zwei haben sich wegen eines Mannes geprügelt, der nur halb so groß wie die beiden war. Ging ganz schön brutal zur Sache. Er selber hat sich fast zu Tode gelacht, als die Polizei gekommen ist und sie abgeführt hat."

16. Knutschfleck
PUA: „Hey Leute, könnt ihr Folgendes für uns lösen: Wenn zwei mit Knutschflecken am Hals am Arbeitsplatz erscheinen, aber angeblich kein Date hatten – würdet ihr annehmen, dass sie miteinander verbandelt sind?"

17. Single
PUA: „Bist du Single?"
(HB: „Ja.")
PUA: „Dann wollen wir das mal schnell ändern."

(HB: „Nein.")
PUA: „Oh, das tut mir leid…"

18. World´s Best
Der von den weltweit besten Verführungskünstlern einstimmig gewählte, beste Opener ist: „HEY!"

19. Hellseher
(Ihr Wing soll in etwa 20 Metern Entfernung stehen, aber Sie im Blickfeld haben. Nun rufen Sie Ihren Wing an und sprechen, während Sie mit ihm telefonieren, Ihr Target mit folgendem Opener an)
PUA: „Hey! Darf ich dich kurz was fragen? Ich habe gerade meinen Freund am Telefon und er behauptet felsenfest, anhand der Stimme einer Frau ihre Haarfarbe erraten zu können. Hier, ich lasse dich kurz mal mit ihm sprechen."

(Sie geben ihr das Handy und Ihr Wing, welcher Euch beide aus sicherer Entfernung beobachten kann, sagt ihr nun ihre Haarfarbe. Bingo - der Flirt kann beginnen!).

(Sie können das Ganze auch machen, wenn Ihr Wing zu Hause sitzt. Sie telefonieren mit ihm und geben ihm kurz die Haarfarbe durch, sobald Sie ein passendes Target gesichtet haben. Dann gehen Sie hin und sprechen Ihr Target an).

Neg-Hits

Anmerkung:
Neg-Hits sind Gold wert bei Ihrer Verführung. Ein Neg-Hit ist eine Technik, mit der Sie zwei Dinge erreichen: Sie verkleinern das Bitch-Shield (die Abwehrautomatik) einer Frau und Sie demonstrieren damit Persönlichkeit.
Neg-Hits können in vielen Momenten darüber entscheiden, ob Sie Erfolg haben oder Schiffbruch erleiden.
Sie werden ziemlich schnell spüren, wie Sie Ihre Attraktivität bei den Frauen steigern, wenn Sie einen Neg-Hit anwenden. Achten Sie aber immer und unbedingt darauf, die Neg-Hits gut zu dosieren, denn zu viel des Guten verjagt eine Frau schneller, als Sie bis drei zählen können.

Eine Faustregel:
Je hübscher die Frau, umso stärker können die Neg-Hits ausfallen.

Sollten sie einmal doch über das Ziel hinausschießen und das Target beleidigen, haben wir natürlich auch für dieses Missgeschick eine geniale Lösung im Kapitel „Schlagfertige Antworten" auf Seite 64 parat.

1. (z. B bei einer Blondine)
   PUA: „Du hast wunderschöne Haare. Wie schaffst du es nur, den schwarzen Haaransatz so schön hinzubekommen?"

2. PUA: „Du hast Lippenstift auf deinen Zähnen."

3. (Wenn sie eine etwas tiefere Stimme hat.)
   PUA: „Wow, du hast eine hübsche, maskuline Stimme."

4. PUA: „Coole Schuhe, wie groß bist du ohne?"

5. PUA: „Schöne Haare, sind die echt oder gefärbt?" (wenn sie gefärbt sind)

6. PUA: „Schöne Fingernägel, sind die echt?"
   HB: „ Nein: „
   Naja eigentlich sehen sie trotzdem gut aus

7. PUA: „Coole Wimpern, sind die echt?" (wenn sie nicht echt sind)

8. PUA: „Wenn du mein Typ wärst, hätte ich echt Probleme dich anzusprechen und ich wäre total nervös."

9. PUA: „Du hast die orangenste Bräune, die ich jemals gesehen habe."

10. PUA: „Wenn ich dich so ansehe, dann sehe ich noch ein bisschen was von dem Teenager, der du als Kind gewesen bist und ich geh jede Wette ein, du warst zu der Zeit nicht so umschwärmt wie jetzt."

11. PUA: „Ich bin mir sicher, dass viele Leute sich denken, du wärst voll die arrogante Zicke, aber in Wirklichkeit bist du sogar ziemlich unsicher."

12. PUA: „Ich weiß echt nicht, ob ich mich mit dir in der Öffentlichkeit blicken lassen kann."

13. PUA: „Oh Mann, wie haben deine Eltern (Freunde, Geschwister) dich nur ertragen?"

14. PUA: „Hey, wo sind die heißen Mädels? Ich habe gedacht, Samstag wäre es gut hier."

15. PUA: „Ich liebe Blondinen! Wenn sie echt sind." (wenn sie nicht echt ist).

16. PUA: „Ich mag dein Make-Up."

17. PUA: „Ich mag die Lachfalten an deinen Augenwinkeln."

18. PUA: „Hey, hast du auch einen Ausschalter?" (so tun, als würden Sie einen Schalter bei ihr suchen).

19. PUA:" Hey, hey, Ware bitte nicht berühren."(wenn sie Sie zufällig berührt).

20. PUA: „Komm, wir arbeiten jetzt mal ein bisschen an deiner Ausstrahlung."

Qualifizieren

Anmerkung:
Qualifizieren ist ein essentieller Baustein Ihrer Verführung. Sie vermitteln hierbei, dass Sie ein Mann mit Standards sind, der nicht alles nimmt, was bei drei nicht auf den Bäumen ist. Dadurch vermitteln Sie nicht nur einen hohen Wert und Status, sondern tun auch etwas, das 99% aller Männer beim Flirten vergessen. Komisch dabei: Alle Frauen stehen doch eigentlich darauf…

1. PUA: „Hast du denn keine eigene Meinung?"

2. PUA: „Wer ist die Coolste von euch?"

3. PUA: „Nenne mir drei positive Eigenschaften von dir!"

4. PUA: „Was hast du zu bieten, außer deiner Schönheit?"

5. PUA: „Nenne mir drei Dinge an dir, außer deinem Äußeren, die mich dazu bringen könnten, dich wiedersehen zu wollen."

6. PUA: „Kannst du kochen?"

7. PUA: „Kannst du wenigstens bügeln?"

8. PUA: „Bist du spontan und abenteuerlich?"

Demonstrate High Value

Anmerkung: DHVs sind spannende Geschichten aus Ihrem oder über Ihr Leben, mit denen Sie - ohne anzugeben - der Frau Ihren hohen männlichen Wert verdeutlichen. Die Anziehungskraft vieler Männer ist von vornherein blockiert, weil sie entweder mit dem angeben, was sie haben, wie „mein Haus, mein Auto, mein Boot", oder aber sie stellen ihr Licht komplett unter den Scheffel.

Durch das Werkzeug DHV wirst du erlernen, beides wirksam zu vermeiden, denn: Frauen-Gehirne lieben spannende Geschichten!

1. Voodoo-DHV
PUA: „Glaubst du an Magie?
Meinem Freund ist da etwas total Verrücktes passiert. Er hat in einem Club jemanden kennen gelernt. Sie hat gemeint, sie sei eine Hexe. Nun ja, wir haben das für einen Spaß gehalten...
Sie sind dann jedenfalls noch zu ihr nach Hause, wo sie gekuschelt, geknutscht und Spaß-DVD's geschaut haben. Am nächsten Morgen findet mein Freund diese total irre Stoffpuppe mit lauter verrückten Zeichen drauf. Wir sind dann in einen Esoterik-Laden gegangen.
Der Verkäufer war genau der richtige Typ - viele Tattoos, Ringe, eine etwas übersinnliche Aura. Stell dir vor, der hat gemeint, das wäre ein Liebeszauber. Dadurch soll sich der Wunschpartner in einen verlieben. So jetzt wird's gleich unheimlich. Anfangs meinte mein Freund, er möge sie

nicht einmal so. Doch jetzt, unglaublich, erreiche ich ihn kaum noch. Er hat sogar schon zu mir gesagt, er liebt sie.

Was meinst du, war das Magie oder Einbildung?"

2. Unglaublicher Zufalls-DHV

PUA: „Vor kurzem war ich in einem Park, im Osten von Wien. Es war super Wetter, das Gras war grün und alle hatten Spaß. Einige spielten Volleyball. Ich hab den Tag genossen, war am Ufer des Flusses und ich habe mir den Wind durch die Haare streichen lassen. Ich hab mir gedacht, was wird der Tag so bringen. Plötzlich hat mir jemand auf die Schulter geklopft und ich drehte mich um. Es war ein Freund, den ich schon 10 Jahre nicht mehr gesehen hatte."

3. Hengst & Stute - DHV

PUA: „Eine Freundin von mir hatte sich einmal von einem Italiener, bei einer Feier, verführen lassen. Sie gingen 2 Stockwerke höher und sind gleich zur Sache gekommen. Er zog ihr das T-Shirt aus und legte sich auf sie drauf. Sie küssten sich leidenschaftlich und dabei verhakte er sich mit seinem Gürtel an ihrem Bauchnabel-Piercing. Ihm ist das gar nicht aufgefallen. In höchster Not schrie sie: „Du hängst!" Und er sagte darauf: „Du Stute!"

4. Wenn der Rüssel klemmt - DHV

PUA: „Jetzt erzähle ich dir die witzigste Geschichte, die du jemals in deinem Leben gehört hast!

Also, von einem meiner besten Freunde ist ein guter Bekannter mit seiner Freundin und weiteren zwei Mädels in den Tierpark Gänserndorf gefahren.

Der Tierpark Gänserndorf liegt in der Nähe Wiens und ist so angelegt, dass man mit dem Privatauto hinein fahren und die Tiere frei beobachten kann.

Es war ein warmer, sonniger Tag. Alkohol war auch mit am Start. Die Tiere hatten super Laune. Die Affen entlausten sich gegenseitig. Die Schwäne zeigten sich von der schönsten Seite. Elefanten trompeteten um die Wette, Zebras grasten, alles rannte kreuz und quer umher.

Plötzlich ging ein Elefant neugierig auf die Straße und blieb vorm Golf, in dem er mit den drei Mädels gesessen hatte, stehen. Neugierig tastete er mit seinem Rüssel das Auto ab, und plötzlich kam der Rüssel beim Schiebedach rein, denn das war halb offen. Die Mädels schrien, als gäbe es kein Morgen mehr.

Er schloss das Sonnendach so schnell als möglich und klemmte dabei versehentlich den Rüssel des Elefanten ein. Der schrie vor Schmerz und trat mit seinen Vorderfuß auf die Kühlerhaube des Autos.

Aus lauter Frust, da sein größter Stolz, also sein Golf, verbogen war und der linke Spiegel runter hing, fuhren sie nach Hause.

Als sie von der Autobahn abfuhren, kamen sie in eine ganz normale Verkehrskontrolle. Der Polizist fragte ihn, was er da mit dem Auto gemacht hatte.

Er sagte (PUA lacht): „Ein Elefant ist mir drauf gestiegen!"

Der Polizist sagte: „Willst du mich verarschen?" Obwohl alle drei Mädels das zu 100 % bestätigt hatten, glaubte der Polizist es ihm nicht und forderte ihn darauf hin zur Alkoholkontrolle auf! Auf jeden Fall haben sie ihm dann auch noch den Führerschein abgenommen, weil er ein bisschen zu viel getrunken hatte."

5. Wie ich eines schönen Morgens im April das 100%ige Mädchen sah - DHV
(Anmerkung: Die Geschichte ist einfach genial und bringt die Frau zum Grübeln und löst in ihr Verlustängste aus. Man kann sie in den verschiedensten Situationen anwenden.

Ein Beispiel: Sie haben schon länger Kontakt mit Ihrem Target und sind aber noch nicht mit ihr zusammen. Sie sagen diesen DHV z.B. zu ihr wenn Sie bei ihr oder sie bei Ihnen ist, also bei eher einer ruhigeren Umgebung).

PUA: „Eigentlich wollte ich dir etwas sagen... Hm, nein ist eh egal." (und dann wenden Sie sich ab und warten bis sie Ihnen nachläuft, und wenn sie genug gebettelt hat, dann geben Sie Ihre Geschichte zum Besten).

PUA: „Vor langer, langer Zeit waren einmal ein Junge und ein Mädchen. Der Junge war 18, das Mädchen 16 Jahre alt. Der Junge sah nicht besonders gut aus, und auch das Mädchen war nicht besonders hübsch. Ein einsamer und gewöhnlicher Junge und ein einsames und gewöhnliches Mädchen, wie man sie überall findet.

Doch glaubst du fest daran, dass es irgendwo auf dieser Welt einen Menschen gibt, der 100%ig zu einem passt? Die zwei glaubten an ein Wunder. Und dieses Wunder geschah.

Eines Tages begegneten sich die beiden zufällig an einer Straßenecke.

„Unglaublich", sagte der Junge zu dem Mädchen, „ich habe dich schon die ganze Zeit gesucht! Ob du es glaubst oder nicht, du bist für mich das 100%ige Mädchen"

Und das Mädchen erwidert: „Und du bist für mich der 100%ige Junge. Genau wie ich ihn mir vorgestellt habe. Es ist ein Traum."

Die beiden setzten sich auf eine Parkbank, hielten sich an den Händen und redeten in einem fort, ohne dass ihnen langweilig wurde. Sie waren nicht mehr einsam. Sie fanden ihren 100%igen Partner. Seinen 100%igen Partner zu finden ist etwas ganz Unglaubliches, ein Wunder des Kosmos.

Aber ihre Herzen durchfuhr ein kleiner, ganz kleiner Zweifel. Darf ihr Traum so einfach in Erfüllung gehen? Als das Gespräch abbricht, sagte der Junge: „Wir wollen uns nur einmal noch auf die Probe stellen. Wenn wir wirklich 100%ig füreinander geschaffen sind, werden wir uns bestimmt irgendwann, irgendwo, wieder begegnen. Beim nächsten Mal wissen wir, dass wir 100%ig füreinander bestimmt sind und wollen sofort heiraten. Einverstanden?"

„Einverstanden!", antwortete das Mädchen. Und so trennten sie sich. Nach Ost und West.
Doch es war in Wirklichkeit unnötig, das Schicksal auf die Probe zu stellen. Sie hätten es nicht tun dürfen. Sie waren wirklich 100%ig füreinander bestimmt. Ihre Liebe war ein Wunder. Da sie aber noch zu jung waren, konnten sie es nicht wissen. Und so wurden sie von der unbarmherzigen Welle des Schicksals fortgerissen.

Eines Tages im Winter erkrankten beide an einer, in jenem Jahr, grassierenden schweren Grippe. Wochenlang schwebten sie zwischen Leben und Tod, und als sie wieder genesen waren, war ihr Gedächtnis an ihr früheres Leben ausgelöscht. Wie soll ich es sagen, als sie wieder aufwachten, war ihr Erinnerungsvermögen auf null zurückgesetzt.

Aber da beide intelligent und ausdauernd waren, scheuten sie keine Mühe um neues Bewusstsein und Gefühle zu erlangen und kehrten erfolgreich in die Gesellschaft zurück.

Ja, bei Gott, sie waren richtig normale Bürger. Sie wussten, wie man in der U-Bahn korrekt umsteigt und wie man bei der Post einen Eilbrief aufgibt. Sie liebten auch, mal 75%, mal 85%. Der Junge war nun 32, das Mädchen war 30 geworden. Die Zeit war im Fluge vergangen. Und eines schönen Morgens im April ging der

Junge von West nach Ost durch eine kleine Seitenstraße in Harajuku, um einen Kaffee zu trinken, und das Mädchen ging, um Briefmarken für einen Eilbrief zu kaufen, die gleiche Straße von Ost nach West.

In der Mitte des Weges kommen sie aneinander vorbei. Für einen Moment blitzte der schwache Schein verlorener Erinnerung in ihren Herzen auf. Es dröhnt in ihrer Brust. Und sie wussten: „Sie ist für mich das 100%ige Mädchen." „ Er ist für mich der 100%ige Junge." Aber der Schein ihrer Erinnerung war zu schwach, ihre Sprache besaß nicht mehr die Klarheit wie vor 14 Jahren. Beide gingen, ohne ein Wort zu sagen, aneinander vorbei und verschwanden in der Menge - für immer.

Cold Reading

Anmerkung:
Cold Reading bezeichnet die Technik, Aussagen zu machen, die auf fast jeden Menschen passen - trotzdem hat der Mensch das Gefühl, dass du ihn lesen kannst wie ein Buch.
Horoskope und Wahrsager bedienen sich übrigens derselben Technik!

Der Unterschied, Sie nehmen kein Geld dafür und Ihr Ziel ist es vielmehr, der Frau zu zeigen, dass Sie sie in ihrem tiefsten Innern verstehen - etwas, das die wenigsten Männer tun.

1. PUA: „Du lässt nicht viele Menschen in dich hineinblicken."

2. PUA: „Dir ist sehr wichtig, was andere Menschen über dich denken."

3. PUA: „Du suchst insgeheim Bestätigung durch andere."

4. PUA: „Du denkst über alles 100 mal nach."

5. PUA: „Du steckst dir hohe Ziele."

6. PUA: „Manchmal spürst du Dinge, die andere gar nicht wahrnehmen."

7. PUA: „Du gibst nicht alles von dir preis."

8.   PUA: „Dir sind Ergebnisse sehr wichtig."

9.   PUA: „Du bist leicht verletzlich."

10. PUA: „Dein seelischer Zustand ist zurzeit ein bisschen chaotisch - so wie eine Achterbahn."

11. PUA: „Du willst einen dominanten Mann mit einem weichen Herzen."

12. PUA: „Du bist teilweise sehr aufbrausend."

13. PUA: „Du wirkst, als würdest du schon lange davon träumen, deine Grenzen zu erweitern: Du weißt, dass dahinter was ist – aber du weißt momentan nicht, wie du dorthin kommst."

14. PUA: „Du bist teilweise sehr dickköpfig."

15. PUA: „Du bist ein leidenschaftlicher Mensch, der für die Liebe geboren ist."

16. PUA: „Du bist ziemlich neugierig."

17. PUA: „Wenn du jemanden ins Herz geschlossen hast, kannst du nicht nein sagen."

18. PUA: „Du betrachtest dich als sehr wichtig."

19. PUA: „Du stellst an dich hohe Ansprüche -

mit dem Mittelmaß gibst du dich nicht zufrieden."

20. PUA: „Du bist manchmal am Anfang etwas zurückhaltend und kühl, aber wenn du jemanden besser kennenlernst, wirst du sehr warm und offen."

Patterns

Anmerkung:
Patterns sind Geschichten, die auf das neurolinguistische Programmieren (NLP) zurückgehen. Sie stellen ein bestimmtes Arrangement von Worten und Sätzen dar, die, ähnlich wie ein gutes Musikstück, eine Frau ganz subtil in verschiedene emotionale Zustände versetzen können.
Diese Emotionen verknüpft sie mit dem Sender dieses Patterns - also Ihnen.

1. Erdbeerwiese Pattern

PUA: „Komm, Nora, ich zeig dir ein geniales Spiel! Gib mir bitte mal deine Hände und schließe deine Augen. Ich erzähle dir jetzt eine kleine Geschichte, und du versuchst, es dir im Kopf ganz klar vorzustellen."
PUA: „Stell dir vor, Nora, du spazierst ganz locker im Wald, und irgendwann kommst du zu einem riesigen Erdbeerfeld, auf dem ganz viele große, schöne, verführerisch knallrote Erdbeeren wachsen. Du hast Appetit, keiner ist in der Nähe und du möchtest unbedingt diese Erdbeeren haben. Am Genuss dieser süßen Erdbeeren hindert dich nur ein Zaun.

Jetzt stell ich dir vier Fragen, Nora."

1. PUA: „Wie hoch ist dieser Zaun?"
   HB: „?"
2. PUA: „Okay, du hast diesen Zaun

überwunden und beginnst die Erdbeeren
zu genießen.
Wie viel Stück Erdbeeren isst du, Nora?"
HB: „?"

3. PUA: „Und sind die Erdbeeren die du vor dir
siehst und isst klein und grün oder eher rot
und saftig?"
HB: „?"

4. PUA: „Und während du die köstlichen
Erdbeeren isst, kommt plötzlich der Bauer,
dem das Erdbeerfeld gehört und beginnt,
mit dir zu schimpfen.
Wie verhältst du dich, Nora?"
HB: „?"

5. PUA: „Später, während du nach Hause gehst:
Wie empfindest du den Geschmack dieser
Erdbeeren?
Wenn du zurückblickst, wie fühlst du dich,
nachdem dieses Abenteuer vorbei ist?"

Interpretation Erdbeere

Erdbeeren sind eine verführerische, süße und
schöne Frucht, das weltweit als Symbol für
Sexualität gilt.

PUA: „Nora - Die Art, wie du dir diese Geschichte vorgestellt hast, beschreibt dein Ver-
hältnis zu Sex und Liebesabenteuern."

1. PUA: „Die Höhe des Zauns, den du dir vorgestellt hast, bestimmt das Level deiner
Selbstbeherrschung und den Widerstand
gegen Liebesabenteuer. Je höher der Zaun,
desto besser ist deine Selbstkontrolle und je
niedriger der Zaun ist, desto leichter lässt du
dich auf die schönsten Dinge auf der Welt
ein.
Du bist also so der….."

2. PUA: „Die Anzahl der Erdbeeren, die du
isst, signalisiert, wie stark dein Drang nach
Liebesabenteuern ist.
Wenn du eine isst, dann bist du monogam.
Zweistellige Zahlen zeigen deinen Hunger
nach Liebesabenteuern. Ab 25 Stück muss
ich mir wirklich Gedanken machen, ob ich
mich noch länger mit dir unterhalten soll!"

3. PUA: „Die Form und Farbe der Erdbeeren,
die du isst, zeigen, wie du den Sex am liebsten magst. Kleine und grüne Erdbeeren bedeuten, du bist eher kühl im Bett, große, rote
und saftige Erdbeeren bedeutet, dass du im
Bett sehr leidenschaftlich bist."

4,. PUA: „Deine Entschuldigung vor dem Bauer
spiegelt die Selbstentschuldigung deines
Triebs nach Sex wider. „Entschuldigung,
ich mach es nicht mehr.", „Entschuldigung,
aber ich konnte nicht widerstehen.", „Die
schmecken echt gut, darf ich weiter essen?"
PUA: „Das Gefühl, das du unmittelbar nach
dem ganzen Abenteuer auf dem Nachhause
weg spürst, steht für deine Emotion, die du

empfindest, wenn du nach einem Liebes-Abenteuer nach Hause gehst."

2. Das Geschenk Pattern

PUA: „Ein junger Herr wollte seiner Geliebten ein romantisches Geschenk machen. Er ging mit ihrer Schwester in einen Laden und kaufte seiner Geliebten dort ein Paar Handschuhe, während sich ihre Schwester dort neue Unterhöschen kaufte. Am Ausgang vertauschten sie die Tüten und jetzt steht er vor seiner Geliebten, sie schaut ins Innere der Tüte, wird rot, aber er drückt ihr seinen Finger auf die Lippen und sagt:
„Ich hab dieses Geschenk ausgesucht, weil ich beim letzten Mal gemerkt habe, dass du keine trägst und deshalb frierst. Ich wollte dir lange kaufen mit Reißverschluss, aber deine Schwester überredete mich, indem sie sagte, dass solche kurzen leichter zum Runterziehen wären.

Natürlich hättest du mit mir zum Anprobieren kommen müssen, aber ich fand einen Ausweg. Ein nettes Fräulein, das dort arbeitet, zeigte mir ihre. Das waren genau dieselben und sie sahen fabelhaft an ihr aus. Ich inspizierte sie von allen Seiten und probierte aus, wie man sie runterzieht. Wirklich um einiges bequemer als die langen mit dem Reißverschluss. Danach haben wir sie zusammen an deiner Schwester anprobiert. Oh mein Gott, welche glatte, sanfte und angenehme Haut ihr doch beide habt!
Überlass es mir, sie dir anzuziehen. Wusstest du, dass es in dieser Saison im Trend ist, sie ein Stück weit heruntergelassen zu tragen?"

3. Taxi Pattern

PUA: „Pia, wenn du brav bist, zeig ich dir jetzt eine faszinierende Technik, wie Menschen Dinge von sich preis geben, ohne es zu merken.
Ok, stell dir vor, Pia!"

1. PUA: „Es ist Abend und du versuchst auf der Straße ein Taxi zu bekommen.
   Wie viele Taxis fahren vorbei, bis eines hält?"
   „HB?"

2. PUA: „Endlich hält eines und erleichtert steigst du ein.
   Was sagst du als erstes zum Fahrer?"
   „HB?"

3. PUA: „Was für ein Mensch ist er?
   Beschreibe die Person möglichst ausführlich!"
   „HB?"

4. PUA: „Nachdem du ihm dein Ziel gesagt hast, merkst du, dass der Wagen in eine ganz andere Richtung fährt.
   Was machst du, und wie fühlst du dich dabei?"
   „HB?"

PUA: „Okay Pia, jetzt wird's spannend, denn jetzt kommt die Auflösung!

Also die Taxifahrt repräsentiert die zufällige sexuelle Begegnung, die, wie das Taxi, von einer anderen Person gesteuert wird. Die Taxifahrt steht also für sexuelle Abläufe und Handlungen, auf die du nur bedingt Einfluss hast. Deine Antworten offenbaren deine Einstellung zum Fremdgehen und zu Affären!"

1. PUA: „Die Anzahl der vorbeifahrenden Taxis verrät, wie hoch deine Bereitschaft zu einer Affäre ist. Wer gleich beim ersten Versuch ein Taxi ergattert, ist äußerst anfällig, und je mehr Taxis vorbeifahren, umso geringer ist deine Neigung, deinem Partner untreu zu werden.
Du hast gesagt, du ...?"

2. PUA: „Pia - Deine ersten Worte zum Fahrer erklären deine (angeblichen) Gründe und Motivationen für dein Abenteuer."

(Beispiele:
„Brrr, ist es draußen kalt.", würde bedeuten, dass man eine feste Beziehung als zu kalt empfindet.
„Na, endlich." bedeutet, man hat schon länger auf so eine Gelegenheit gewartet.
„Die Trottel sind alle vorbei gefahren!" sagt aus, dass man schon häufiger abgewiesen worden ist.
„Los, fahren Sie schnell." bedarf nun wohl keines Kommentars.)

3. PUA: „Der Fahrer signalisiert den Typ Mensch, mit dem du gerne eine Affäre eingehen würdest."

(z.B. ist er eher wortkarg, ein rasanter Fahrer, oder schlicht und unkompliziert?)

4. PUA: „Pia - Deine Reaktion auf die Richtungsänderung verdeutlicht deinen Gemütszustand, nachdem du dich auf das Abenteuer eingelassen hast."

(z.B. „Eigentlich habe ich gedacht, wir fahren anders.", hast aber nicht protestiert.
Oder „Irgendwie werden wir schon ankommen." und hast aber nichts unternommen.
Oder hast du gesagt: „Hey, diese Route kannte ich noch gar nicht."
Oder vielleicht hast du sofort gerufen „Stopp, anhalten, ich steige aus!")

Geniale Fragen

Anmerkung:

In diesem Abschnitt geht es um Fragen, die ausschließlich positiv ausgerichtet sind und damit bei der Frau positive Gefühle entstehen lassen.

Der Clou: Erlebt sie diese positiven Gefühle in Ihrem Beisein, verbindet sie Sie mit guten Gefühlen. Was will „Mann" mehr?

Diese Erklärung schließt mit ein, dass negative Fragen in fast allen Fällen tabu sind.

Wann ihre Flirtpartnerin das letzte Mal ihre Haare aus dem Abfluss entfernt hat, ist eine Frage, die Sie besser für sich behalten!

Bessere Fragen sind:

1. PUA: „Welche Farbe hat für dich Freude?"

2. PUA: „Was ist dein absolutes Traumziel?"

3. PUA: „Was stellst du dir unglaublich aufregend vor?"

4. PUA: „Was ist das absolut schönste Erlebnis, das du jemals hattest?"

5. PUA: „Wann hast du dich das letzte Mal so richtig gut gefühlt?"

6. PUA: „Was ist dir wichtig in deinem Leben?"

7. PUA: „Wofür verwendest du deine Energie?"

8. PUA: „Womit verbringst du am liebsten deine Zeit?

9. PUA: „Was macht dich glücklich?"

10. PUA: „Hast du schon mal so lachen müssen, dass dir das ganze Gesicht weh getan hat? Und wann war das?"

11. PUA: „Wen hältst du für das stärkere Geschlecht - Männer oder Frauen?"

12. PUA: „Was an dir findest du besonders sexy?"

13. PUA: „Was nervt dich am meisten an dir?" (hier ist etwas leicht Negatives zur Abwechslung erlaubt)

14. PUA: „Stell dir vor, du könntest für einen Tag unsichtbar sein - was würdest du anstellen?"

15. PUA: „Was ist das schönste Kompliment, das du jemals in deinem Leben bekommen hast?"

16. PUA: „Wenn du irgendeine Sache an dir ändern könntest - was würdest du ändern?"

17. PUA: „Wenn du ein Vogel wärst -
    wo würdest du als erstes hinfliegen?"

18. PUA: „Wenn Liebe ein Ton wäre, wie
    würde dieser Ton für dich klingen?"

19. PUA: „Wenn der Tag um eine Stunde
    mehr hätte, also 25 Stunden, was würdest
    du in dieser einen Stunde am liebsten
    machen?"

20. PUA: „Ist es nicht komisch, dass jeder
    bei der Liebe an die Farbe Rot denkt?"

Schlagfertige Antworten

Anmerkung:
In diesem Kapitel finden Sie die Fragen, die Frauen mir schon unendliche Male gestellt haben. Das Problem der meisten Männer: Sie lassen sich von ihnen aus der Bahn werfen und der Flirt verläuft im Sande.

Mit diesen schlagfertigen Antworten haben Sie immer sofort eine gute Antwort parat. Eine Antwort, die nicht nur Ihren Schiffbruch verhindert, sondern Sie in den Augen der Frauen noch Begehrenswerter macht.
Die wichtigste Grundregel lautet: Lassen sie sich niemals von der ersten Reaktion einer Frau beirren, niemals, denn das ist von ihr nur eine unbewusste Abwehrautomatik, die in keinster Weise etwas mit ihnen zu tun hat!

(Ich bin sehr stolz auf diese Antworten, weil sie so gut funktionieren! Würde mich aber für jede weitere und bessere Antwort sehr, sehr freuen **walterbodhi@gmail.com**. Danke im Voraus!)

1.   HB: „Wo wohnst du denn?"
     PUA: „Schätzchen, so weit sind wir noch lange nicht."

2.   HB: „Wo wohnst du denn?"
     PUA: „Zuhause."

3. HB: „Wo wohnst du denn?
PUA: „Alles zu seiner Zeit, meine Liebe!"

4. HB: „Wie alt bist du?"
PUA: „Die Jahre im Gefängnis mitgerechnet oder nicht?"

5. HB: „Wie alt bist du?"
PUA: „Wurzel 17 mal deinem Brustumfang."

6. HB: „Wie alt bist du? 10?"
PUA: „Nein, gerade 11 geworden."

7. HB: „Was machst du beruflich?"
PUA: „Ich bin der Typ, der die Kaugummis um 7 Uhr früh von den Caféstühlen runter zieht."

8. HB: „Was machst du beruflich?"
PUA: „Ich bin gerade Mitarbeiter des Monats bei Mc Donalds geworden.

9. HB: „Was machst du beruflich?"
PUA: „Ich bin Hartz-IV-Empfänger…Ich sage immer Hartz-IV und der Tag gehört dir!"

10. HB: „Du bist mir zu alt!"
PUA: „Ok, ich lass mich einfach zehn Jahre einfrieren, dann passt es wieder."

11. HB: „Du bist mir zu alt!"
PUA: „Rechne einfach dein Alter und mein

Alter zusammen, dann durch zwei, dann passt es wieder."

12. HB: „Du bist mir zu alt!"
PUA: „Du stehst also auf kleine Jungs ohne Erfahrung."

13. HB: „Du bist mir zu jung!"
PUA: „Wieso...ich gehe doch schon aufs Gymnasium."

14. HB: „Du bist mir zu jung!"
PUA: „Gib's doch zu, da stehst du doch drauf!"

14. HB: „Du hast aber einen SCHÖNEN Rausch.
PUA: „Danke, freut mich, dass er dir gefällt!"

15. HB: „Du bist aber ganz SCHÖN besoffen!"
PUA: „Unter 2 Promille kann ich nicht klar denken."

16. HB: „Du schaust immer allen Frauen nach!"
PUA: „Glaubst du, dass meine Erfolgsrate steigt, wenn ich ihnen nachpfeife?"

17. HB: „Warum hast du keine Freundin?"
PUA: „Tja, du hast mich noch nicht gefragt!"

18. HB: „Warum hast du keine Freundin?"
PUA: „Tja, ich suche eine, die so gut kocht wie meine Mutter, aber ich finde immer eine, die säuft wie mein Vater."

19. HB: „Hast du eine Freundin?"
(Anmerkung: Was passiert hier? Bei dieser unangenehmen Frage bekommen wir ein unbehagliches Gefühl, weil wir nicht wissen, was wir antworten sollen, um gut rüberzukommen.
Automatisch verändert sich unsere Energie und unsere Aura, was die Frau dann unbewusst spüren wird. Kurz gesagt, unsere Ausstrahlung verändert sich ins Negative und wir werden für sie unattraktiver, es sei denn, wir haben eine Antwort parat, die uns im besten Licht erstrahlen lässt.)
HB: „Hast du eine Freundin?"
PUA: „Ich habe viele Freundinnen - aber bis jetzt hat mich noch keine so tief berührt, dass ich sie zu meiner Einzigen machen möchte."

20. HB: „Hast du eine Freundin?"
PUA: „10. Die wohnen alle bei mir im Keller. Wenn du magst, kommst du mit dazu, dann sind es 11."

21. HB: „Wie lange hast du schon keine Freundin mehr?"
PUA: „Sie war eine tolle Frau und ich hatte mit ihr eine schöne Zeit, aber ehrlich gesagt, bin ich keiner von jenen Men-

schen, die die Zeit seit ihrer letzten Beziehung messen."

22. HB: „Wie lange hast du schon keine Freundin mehr."
PUA: „Hey, hey, mach mal langsamer. Soll ich dir auch gleich erzählen, wie schnell ich zum Orgasmus komme?"

23. HB: „Wie lange hast du schon keine Freundin mehr."
PUA: „Weißt du was Sandra! Lassen wir einfach Ex-Freundin Ex-Freundin sein und konzentrieren uns jetzt auf die schönen und wichtigen Dinge im Leben, nämlich auf uns beide."

24. HB: „Wie viele Freundinnen hattest du bis jetzt?"
PUA: „Inklusive meiner Grundschulfreundin?"
HB: „Ja"
PUA: „Dann eine."

25. HB: „Wie viele Freundinnen hattest du bis jetzt?"
PUA: (zählt lange mit den Fingern) „3"

26. HB: „Du bist mir zu klein."
PUA: „Tja, Leckerbissen sind halt nicht größer."

27. HB: „Du bist mir zu klein."
PUA: „Und du hast einen Fussel auf deiner Hose."

28. HB: „Du bist mir zu groß."
    PUA: „Ich muss ja die Übersicht behalten."

29. HB: „Du bist auf einmal so ruhig."
    PUA: „Tja, Genialität schreit nicht."

30. HB: „Du willst doch nur das Eine!"
    PUA: „Stimmt - und Sex mag ich auch
    gerne."

31. HB: „Wir werden keinen Sex haben"
    PUA: „Warte mal, einen Schritt zurück.
    Wir kennen uns erst seit ein paar Stunden
    und du denkst nur an das eine, das geht ja
    gar nicht."

32. HB: „Hast du gut geschlafen?"
    PUA: „Ja, wie ein Fahrrad.. seitlich auf
    dem Ständer."

33. HB: „Wann hattest du das letzte Date?"
    PUA: „Zählt meine Mutter auch?"

34. HB: „Wann hattest du das letzte Date?"
    PUA: (auf die Uhr schauen) „So ungefähr
    vor zwei Stunden."

35. HB: „Ich mag das nicht, wenn du .....
    sagst!"
    PUA: „Dann magst du wahrscheinlich
    lieber gehen - weil ich das sehr oft sage,
    verstanden?"

36. HB: „Ich mag das nicht, wenn du .....
     sagst!"
     PUA: „Ja, ich auch nicht"

37. HB: „So wird das nichts mit uns."
     PUA: „Du hast recht, das wird nichts
     mit uns!"

38. HB: „Ich bin lesbisch."
     PUA: „Tja, das hab ich mir auch schon
     gedacht, dass du keine Männer abbe-
     kommst. Hast ja sonst keine Wahl!"

39. HB: „Ich bin lesbisch."
     PUA: „Cool, ich auch."

40. HB: „Ich hab einen Freund."
     PUA: „Du bist sicher keine, die fremd geht,
     oder?"
     HB: „ Ja."
     PUA: „Super, dann können wir wenigstens
     ganz normal miteinander reden!"

41. HB: „Ich hab einen Freund."
     PUA: „ Ja sicher hast du einen Freund! Sieh
     dich doch mal an, du bist eine hübsche
     Frau. Es wäre ja eine Schande, wenn du
     keinen Freund hättest."
     (Weiterreden)

42. HB: „Ich habe einen Freund."
     PUA: „Jetzt bleib mal am Boden, Sarah, ich
     will ja nur rein platonisch mit dir etwas
     trinken gehen. Ich hoffe, du interpretierst in
     Kaffee trinken nicht irgendetwas hinein,

sonst würde dein Freund ja ganz eifersüchtig werden."

43. HB: „Ich habe einen Freund"
    PUA: „Wie lange seid ihr schon zusammen?"
    HB: „ ?"
    PUA: „ Meine letzte Beziehung……"

44. HB: „Ich habe einen Freund."
    PUA: „Cool, ich habe auch einen Freund."
    (Weiterreden).

45. HB: „Ich habe einen Freund."
    PUA: „Ist doch nicht schlimm, sowas passiert jedem mal."

46. HB: „Ich habe einen Freund."
    PUA: „Wie viele?"
    HB: „Einen."
    PUA: „Oh nein, das ist doch total altmodisch"

47. HB: „Ich habe einen Freund."
    PUA: „Na und! Ich habe sogar mehrere Freunde." (weiter reden)

48. HB: „Ja, aber ich habe einen
    festen Freund."
    PUA: „Ich hab auch einen festen Freund, den kann man sogar anfassen"
    (Weiterreden)

49. (Wenn das Target irgendetwas fragt, worauf Sie nicht antworten können oder wollen....)
PUA: „Ich habe es mir gedacht, dass du mich das fragen würdest."
(Weiterreden)

50. HB: „Ich gebe meine Nummer nicht so leicht her!"

(Anmerkung: Was Frauen sagen und meinen sind in manchen Situationen zwei verschiedene Paar Schuhe. Denn das „**leicht**" verdeutlicht, dass ein Numberclose möglich ist, wenn Sie die richtigen Knöpfe drücken.)

PUA: „Linda, denkst du denn, dass ich meine Nummer so leicht hergebe? Normalerweise mache ich das nicht, aber ich muss sagen: Unser Gespräch war wirklich einzigartig (mit den Kopf nicken). Möglicherweise würden wir es im Nachhinein bereuen, wenn wir jetzt einfach so auseinander gehen würden und das möchten wir sicher beide nicht. Aber ich habe da eine gute Lösung: Du tippst dir ganz einfach und unverbindlich meine Nummer ein und wenn du glaubst, dass du dich doch melden möchtest (mit den Kopf nicken), kannst du das dann jederzeit machen."
(Wenn sie dann gerade ihre Nummer in ihr Handy tippt und Sie mit ihr nebenbei quatschen, greifen Sie nach ihrem Handy.

Sie tun dann so als ob Sie ihre Nummer weitertippen möchten, weil sie eben halt eine schwierige Nummer haben. Aber jetzt der Trick: Sie gehen dann auf wählen und wenn sie es merkt und Sie dabei hindern möchte, halten Sie ihr Handy so in die Luft, dass sie nicht mehr dran kommt. Und schwups haben Sie schon ihre Telefonnummer und leicht hat sie die echt nicht hergegeben.)

51. HB: „Ich gebe meine Nummer nicht so leicht her!"
PUA: „Ja ich eigentlich auch nicht, hatte mal schlechte Erfahrungen. Aber wir können unsere Nummern ja einfach austauschen, dann ist das fair."

52. HB: „Ich geb' nicht so leicht meine Nummer her!"
PUA: „So leicht gebe ich sie auch nicht her, aber weil wir uns so gut verstanden haben und wir es vielleicht später bereuen würden, tipp du dir ganz unverbindlich mal meine Nummer ein."
(Dann kontrollieren Sie die Nummer, nehmen ihr ihr Handy und drücken die Wähltaste.).

53. HB: „So einfach kriegst du meine Nummer nicht."
PUA: „Das finde ich gut, dass du nicht so leicht zu haben bist, denn ich bin auch nicht leicht zu kriegen." (dann normal weiterre-

den und das Thema Nummer fünf Minuten später wieder aufgreifen).

54. HB: „Ich kann dir meine Nummer nicht geben"
PUA: „Wir können es auch gern über Rauchzeichen oder so machen?"

55. HB: (als Antwort auf die Nummeranfrage) „Bist du in Facebook?"
PUA: „Facebook? Oh nee...das ist doch dieses komische Chatten, oder?"

56. HB: „Lassen wir das Schicksal entscheiden, ob wir uns wieder sehen!"
PUA: „Das Schicksal hat schon entschieden, jetzt liegt es an uns. Aber das können wir bei einem leckeren Getränk besprechen, ich kenne da eine wirklich unglaubliche Location, die musst du gesehen haben....."

57. (Wenn das Target noch unschlüssig ist, ob sie Sie wieder sehen will, sagt sie meistens:)
HB: „Lassen wir das Schicksal entscheiden, ob wir uns wieder sehen!"
PUA: „Das Schicksal hat schon entschieden. Jetzt liegt es an uns beiden, dass wir es auch wahrnehmen, sonst könnte es nämlich passieren, dass wir genau den Typ Mensch verpassen, auf den wir schon das ganze Leben lang gewartet haben."

58. HB: „Man sieht sich immer zweimal im Leben."

PUA: „Ja, das denke ich auch. Was passt besser für dich? Mittwoch- oder Freitag-Abend?"

59. HB: „Man sieht sich immer zweimal im Leben."
PUA: „Da hast du recht Sarah, genau das Gleiche hab ich auch mal vor zwei Jahren gesagt. Bei einer Veranstaltung, da war so ein Mädchen, die war halt irgendwie so verrückt nach mir und ich hab zu ihr das Gleiche gesagt wie du. Und dann hab ich sie nie wieder gesehen. Auf jeden Fall hab ich mich zu Tode geärgert und mir geschworen, das Schicksal nie wieder herauszufordern. Und jetzt liegt es an uns beiden..."

60. HB: „Man sieht sich immer zweimal im Leben."
PUA: „Ja, wir können uns gerne wieder treffen. Was machst du morgen?"

61. (Anmerkung: Sie fragen das Target nach ihrer Telefonnummer und das Target antwortet)
HB: „Gib` du mir deine Nummer!"
PUA: „Okay, jetzt pass mal auf, Sarah. Du willst, dass Männer dich ansprechen und jetzt willst du auf einmal die Rollen tauschen. So machst du das vielleicht mit anderen Typen, aber ich bin halt kein normaler Typ." (Zeigen Sie ihr nun Ihr Handy und erklären ihr)
PUA: „Schau, hier ist der Nummernblock des Handys. Nimm einfach deine süßen

Finger und tipp 0 - 1... (Geben Sie Ihrem Target Ihr Handy und nicken Sie mit dem Kopf, während sie tippt)

62. (Streetgame, Daygame)
HB: „Ich habe keine Zeit."
PUA: „Bist du auf der Flucht? Hast du eine Bank ausgeraubt?" (Weiterreden)

63. (Streetgame, Daygame)
HB: „Ich habe keine Zeit."
PUA: „Ich eigentlich auch nicht, aber zwei Minuten nehmen wir uns." (Weiterreden)

64. (Streetgame, Daygame)
HB: „Ich habe keine Zeit."
PUA: „Keine Zeit gibt es nicht, nur andere Prioritäten" (Weiterreden)

65. (Streetgame, Daygame)
HB: „Ich habe keine Zeit."
PUA: „Aber du bist bestimmt drei Minuten zu früh?" (Weiterreden)

66. (Streetgame, Daygame)
HB: „Ich treffe mich jetzt mit einer Freundin."
PUA: (Arme verschränken) „Muss ich jetzt eifersüchtig sein?" (Weiterreden)

67. (Streetgame, Daygame)
HB: „Ich hab` eigentlich keine Zeit, ich treffe mich mit einer Freundin."
PUA: „Ahh, ich treffe mich morgen auch mit einem alten Kumpel, den hab ich seit Jahren nicht mehr gesehen. Es gibt doch

nichts Schöneres, als bei einem Gläschen Wein Erinnerungen auszutauschen. Nicht wahr?

68. (Streetgame, Daygame)
HB: „Meine Mittagspause ist gleich vorbei."
PUA (Ernster Blick): „Pass auf, ich bin dein neuer Chef, deine Mittagspause ist verlängert."

69. Wenn eine HB etwas Perverses sagt, wie z.B. „Ich bin ein Sexbiest" oder „Ich bin geil wie ein..." oder „Ich brauch` es extrem, ich habe auch Sex mit Frauen" u.v.m., dann ist das ein Shittest. Dann dürfen Sie auf gar keinen Fall sabbern und in das Gespräch eingehen, sonst sind Sie raus aus dem Set. Dann sagen Sie nur:
PUA: „Respekt!"
Oder alternativ fordern Sie sie noch weiter heraus, indem Sie sagen:
PUA: „Das glaube ich nicht, du versuchst doch nur mich zu beindrucken."

70. HB: „Stört es Dich, wenn ich rauche?"
PUA: „ Mich stört es nicht einmal, wenn du brennst!"

71. HB: „ Dein Hosenschlitz ist offen!"
PUA: „Ein gutes Geschäft hat immer offen." (Achtung: Hosenschlitz schließen nicht vergessen :-)

72. HB:„Machst du das bei jeder Frau
PUA: „ Das versuche ich, aber weißt du, irgendwie schaffe ich es nicht es gibt einfach zu viele."

73. HB: „Machst   du   das   öfter?
    PUA: „ Ich mache das heute schon den
    ganzen Tag."

74. HB: „Machst du das bei Jeder Frau?"
    PUA: „Ich mach das auch bei Jeden Mann:"

75. HB: „ Wie oft hast du das schon gemacht? „
    PUA: „ Du hast meine Frage nicht beant-
    wortet:"

76. HB: „Ich bin Model:"
    PUA: „ Wirst du öfter gefragt ob du Model
    bist?"
    HB: „Ja, ständig:"
    PUA: „ Ich glaub`, die wollten nur höflich
    sein:"

77. HB: „Ich bin Mode."
    PUA: „Ja, Handmodel, oder ?"

78. (Anmerkung: Sie sprechen zwei Targets
    gleichzeitig an).
    HB: „Sag` mal, siehst du nicht, dass wir uns
    unterhalten!!"
    PUA: „Oh mein Gott, was fällt mir aber
    auch ein, jemanden in einem Lokal anzu-
    sprechen, an einem Ort, der dafür gemacht
    wurde, um auf gar keinen Fall mit jeman-
    den zu reden.
    Lasst mich mal raten, ihr habt sicher gerade
    ein ganz wichtiges Konzept entwickelt, wie
    man es schafft, sich in Facebook zu verlie-
    ben."

79. (wenn das Target sehr frech bzw. kokett ist, wo Mann schon bei weitem merkt, dass sie in Wirklichkeit das Gegenteil meint z.B.: Nein, ich will mich gar nicht mit dir treffen oder ich will dich gar nicht mehr sehen uvm. können sie sagen).
PUA: „Nein du fühlst dich zu mir hingezogen:"

80. HB: „Bringst du mir 'nen Red Bull -Vodka mit?"
Antwort: „Uuups, Hartz IV oder was?!?!?!"

81. HB: „Zahlst du mir ein Getränk?"
PUA: "Was hältst du von der Gleichberechtigung der Geschlechter?"
HB: "Ist wichtig"
PUA: "Ok, wenn du darauf bestehst getrennte Rechnung"

82. HB: „Lädst Du mich zum Drink ein?"
PUA: „Hast Du keinen besseren Anmachspruch?"

83. PUA entschuldigt sich per SMS oder E-Mail („sorry"):
(Anmerkung: Mit diesen Worten wird Ihnen fast alles verziehen).
PUA: „Jasmin, ich verstehe, dass du wegen (Anlass nennen) auf mich (Emotion, z.B wütend, enttäuscht uvm. nennen) bist. Ich war (Grund, weswegen es passiert ist, nennen, z.B. vergesslich, mir nicht bewusst usw.) und weiß, wie sehr es deine Gefühle (verletzen, stören, traurig machen), aber es

ändert nichts an der Tatsache, dass ich dich sehr liebe.
In Liebe, dein (Name)."

84. (Sie haben beim Necken ein bisschen über das Ziel hinausgeschossen! Meister Verführer schütteln auch für dieses kurzfristige Schlamassel eine brillante Lösung aus dem Ärmel.
Geben sie ihr erstmal die Möglichkeit, ihren Gefühlen freien Lauf zu lassen und vollständig zu äußern, was sie von Ihnen denkt, anschließend sagen Sie:)

PUA: „Das tut mir sehr leid. Ich wollte deine Grenzen nicht überschreiten. Ich wollte nur wissen, wo deine Grenzen sind. Jetzt, da ich weiß wo sie sind, verspreche ich dir, ich werde sie nicht ein zweites Mal überschreiten. Entschuldige."

85. (Falls es einmal doch passieren sollte, dass ein Target sehr negativ auf ihr Ansprechen reagiert, können Sie sagen)
PUA: „He ist sozial alles ok mit dir oder gibt's da wo eine Störung?"

Witzige Aussagen

Anmerkung:
Es ist eine Binsenweisheit, dass Frauen auf Männer mit Humor stehen. Hat Ihnen bisher die Kreativität und Spontaneität dafür gefehlt? Kein Problem, mit dieser Auswahl haben Sie immer etwas in der Hand, um Ihren Humor zu zeigen.

Nehmen Sie wahr, wie Frauen Ihnen immer näher kommen werden, wenn Sie wohldosiert witzige, pointierte Aussagen in Ihren Flirt oder ein Gruppengespräch aufnehmen. Aber denken Sie immer daran: Nicht übertreiben!

1. PUA: „Du Sarah, sorry, ich kann heute nicht, denn ich geh um 19 Uhr noch in die Eisenklinik."
    (Anmerkung: Eisenklinik = Fitness Center)

2. PUA zu HB: „Komm, zieh dich aus, ich muss mal mit dir reden!"

3. (Sie stoßen mit dem Einkaufswagen zusammen)
    PUA: „Führerschein und Fahrzeugpapiere bitte!"

4. (Wenn jemand eine Aussage macht, die Ihnen nicht gefällt, sagen Sie)
    PUA: „Ruhe auf den billigen Plätzen!"

5. (Wenn jemand eine Bemerkung macht, die Ihnen nicht gefällt, sagen Sie:)
    PUA: „Habe ich eine Null gewählt, oder warum meldest du dich?"

6. (Sie gehen mit Ihrem Target durch die Stadt und irgendwann treffen Sie plötzlich einen guten Bekannten von Ihnen, dann sagen Sie zu ihm:)
    PUA: „Darf ich dir Sarah vorstellen? Sie ist ein medizinisches Wunder, sie kann zehn Minuten reden, ohne Luft zu holen."

7. (Wenn Sie z.B. mit ihrem Target bei Ihnen zu Hause sind und Sie sehen eine Waage, dann stellen Sie sich darauf und sagen - vorausgesetzt, Sie sehen nicht aus wie ein Röntgenbild).
    PUA: „Waage, Waage auf der Erde, sag mir, warum ich nicht leichter werde."

8. (Wenn eine Frau zufällig neben Ihnen steht).
    PUA: „Ich kann Ihnen keinen Vorwurf machen, ich würde auch gerne neben mir stehen (sitzen) wollen."

9. (Jemand lässt etwas fallen oder verschüttet etwas).
    PUA: „Reinigungskraft zu Regal 7 bitte!"

10. PUA: „Komm wir gehen zu mir nach Hause, kochen chinesisch und haben ganz viel Sex….Nein Spaß… wir kochen doch Italienisch."

11. (Wenn sie irgendwo patzt).
    PUA: „Man kann dich ja nirgendswo mitnehmen."

Routinen

Anmerkung:
Routinen sind Ihre Stützräder für einen erfolgreichen Flirt. In vielen Momenten können Sie dem Flirt mit Routinen so richtig einheizen oder eine schwierige Situationen zu Ihren Gunsten wenden.

1. Echte Nähe
(Bei dieser Routine müssen Sie sie schon isoliert haben und guten Rapport haben.)
PUA: „Weißt du, Sarah, es heißt ja, dass Menschen nur 10 % vom Gehirn benutzen und der Rest bleibt unbenützt. Aber ich finde, das ist nicht das Schlimmste. Das Allerschlimmste ist, dass wir nur 10 % von unserem Herzen hernehmen. Der Rest verkümmert, weil wir uns nicht trauen, unsere wahren Gefühle preiszugeben. Ich kenne fast nur Leute, die Angst davor haben, ihre wahren Gefühle preiszugeben. Weißt du, Sarah, ich rede da von echter Nähe – aber wer kann das heutzutage noch geben?"

2. Testosteron
PUA: „Forscher von einer Londoner Universität haben herausgefunden, dass, wenn der Zeigefinger länger ist als der Ringfinger, die Frau tendenziell zur Untreue neigt. Das liegt an der Menge von Testosteron, die man als Embryo von der Mutter bekommen hat. Zeig mal deine Finger her!"
PUA: „Aha, du bist also eher so der…"

3. Seelenverwandt

PUA: „Weißt du Sarah, warum man den Ehering am Ringfinger trägt? Es existiert der Glaube bei den alten Chinesen und bei den Indianern, dass bei allen Menschen am Ringfinger eine Vene direkt vom Unterarm über den Oberarm zum Herzen führt (gleichzeitig mit Ihren Fingern von ihrem Unterarm über Oberarm zum Herzen sanft streichen). Die einzige Vene, die sich nicht teilt oder trennt durch eine andere Vene. Man glaubt mit einem Ring, also mit dem Ehering am Ringfinger besiegelt man die direkte Verbindung zum Herzen. Aber es ist lustig, sie glaubten, dass am Anfang des Universums jede Seele eine Seelenverwandte hatte - und dass der Sinn unseres Lebens ist, hier diese Seelenverwandte zu finden. Dich mit ihr zu verbinden und mit ihr glücklich zu leben."

4. Begrüßung

(Wenn eine Frau sich vorstellt und Ihnen die Hand entgegenstreckt, schauen Sie auf ihre Hand, dann auf sie)

PUA: „Nein, ich will eine Umarmung."

(Sie wird lächeln und Sie vorsichtig umarmen, dann rollen Sie mal so richtig Ihre Augen).

PUA: „Nein Süße, ich will eine richtige Umarmung!"

(Zeigen Sie dabei auf Ihre Herzen. Sie werden jetzt die beste Umarmung bekommen).

5. Heiraten - Sex - Mord

PUA: „Komm, wir machen ein kleines Spiel! Ich zeig dir einen Typen und du sagst mir, was du

mit ihm am liebsten tun würdest: würdest du ihn heiraten, Sex haben oder ihn umbringen."
(dann nachfragen: warum würdest du ihn...)

6. Blinzelspiel

PUA: „Komm, wir machen was richtig Cooles! Wir schauen uns in die Augen, und wer zuerst blinzelt, hat verloren."
(Frauen verlieren immer, denn sie blinzeln von Natur aus doppelt so oft wie wir).

7. Punkte vergeben

(Anmerkung: Jedes Mal, wenn das Target irgendetwas macht, das Ihnen nicht gefällt, sagen Sie z.B.:)
PUA: „Oh, damit hast du dir grad fünf Minuspunkte bei mir eingehandelt".
(Danach ist es ganz einfach. Tanzt sie nach Ihrer Pfeife oder macht/zeigt etwas Interessantes, gibt es Pluspunkte, zickt sie, gibt es Minuspunkte. Der Trick ist, sie immer im Bereich von 0 Punkten zu halten, damit sie immer ins Negative rutschen kann oder umgekehrt)
PUA: „Vier Minuspunkte an einem Abend, das hat noch keine geschafft usw."

8. Diabetes

PUA: „Hast du Diabetes?"

HB: „ Nein, wieso?"

PUA: „Weil du so süß bist?"

oder

PUA: „Aber du siehst so süß aus... Bilde dir darauf aber bloß nichts ein."

9. Handlesen 1

PUA: „Gib mir mal deine Hand."

PUA: „Willst du mal Kinder kriegen?"

HB: „Ja." (sagen die meisten)

PUA: „So, dann lass mal sehen." (So tun, als würden Sie ihre Hand lesen).

PUA: „Tut mir leid, ich muss dich enttäuschen." (ernst blicken)

PUA: „Du wirst keine Kinder mit mir bekommen."

10. 2 Finger-Masturbation

PUA: „Weißt du, warum Frauen immer mit diesen zwei Fingern masturbieren sollten?" (Dabei Ihre Mittelfinger und Zeigefinger herzeigen).

HB: „Nein wieso?"

PUA: „Na, weil es meine sind."

11. Umarmung

(Wenn das Target gutgelaunt ist und ihr kurz davor seid, euch zu verabschieden, sagen Sie zu ihr)

PUA: „Streck mal kurz die Arme vom Körper weg."

(Dann gehen Sie nach vorne und umarmen sie)

12. Beste Freundinnen - Test

PUA: „Seid ihr zwei gute Freundinnen? Kommt, ich mach mit euch beiden einen unglaublich einfachen und doch sehr wirkungsvollen Test: Verwendet ihr beide das gleiche Shampoo?" (wenn sie sich gegenseitig anschauen, bevor sie eine Antwort geben, sind sie echt gute Freunde. Wenn nur eine zu der anderen hinschaut, dann ist die, die hinschaut, der anderen näher als die andere.)

13. Handlesen 2

(Wenn Sie sich Ihre linke Handinnenfläche ansehen, dann sehen Sie das sogenannte Große M. Die erste Linie, die den Fingern am nächsten ist, ist die Herzlinie, die zweite Linie ist die Kopflinie, die dritte Linie ist die Schicksalslinie und die letzte Linie ist die Lebenslinie.)

(Sie können auch in einem Buch nachblättern, wo die einzelnen Linien zu finden sind und Sie können dann immer das Gleiche sagen. Cold Reading)

(Sie nehmen ihre Hand und tun so, als ob Sie in ihrer Hand nach Informationen suchen)

PUA: „Sarah, ich hab mich intensiv mit Handlesen beschäftigt, und es ist erstaunlich, was man alles aus den einzelnen Linien herauslesen kann. Wenn du Lust hast, zeig ich's dir. OK, gib mir mal deine linke Hand." (Jetzt so tun, als würden Sie genau in ihrer Hand lesen dann sagen Sie)

PUA: „Du hast eine sehr ausgeprägte Herzlinie, das bedeutet, wenn du Entscheidungen über Männertypen hast, dann bist du eher der unlogische Mensch, das heißt, dass du nicht entscheidest, was eigentlich logisch und gut für dich ist, sondern dass du deine Entscheidungen so triffst, wie du dich momentan in diesem Augenblick fühlst!"

PUA: „Du hast auch das Problem, dass du, wenn du jemanden ins Herz geschlossen hast, nicht nein sagen kannst."

PUA: „Die Kopflinie sagt bei dir aus, dass du mehr die dominanten Männer magst, solche mit einem weichen Herzen, die dir sagen, wo es lang geht. Aber es ist zum Verrücktwerden, du lernst meistens immer nur die netten Jungs kennen, die immer nach deiner Pfeife tanzen."

PUA: „Du hast eine ausgeprägte Liebe zur Natur. Du beziehst sogar die Natur in deine Hobbys mit ein."

PUA: „Dein Leben ist zur Zeit wie eine Achterbahn mit vielen Gefühlsschwankungen, so ein richtiges Auf und Ab. Und du bist ziemlich neugierig!"

14. Heiraten

(Sie nehmen einen Strohhalm und ringeln ihn so zusammen, dass er über einen Finger geht wie ein Ring. Dann nehmen Sie die Hand des Targets mit einem todernsten Blick und sagen, während Sie ihr den Strohhalm Ring auf den Finger streifen)

PUA: „Ich muss dir was sagen. Wir... ich weiß auch nicht, wie ich dir es sagen soll. Ich find dich ganz nett, darum hab ich mir gedacht: Wir sollten heiraten."

15. Daumen-Catchen

PUA: „Komm, wir machen einmal ein cooles Spiel. Kennst du Daumencatchen? Gib mir mal deine rechte Hand!"

(Ihr hakt euch gegenseitig mit euren rechten Händen ein. Eure Daumen sind die Catcher. Die Daumen, alias die Catcher, verneigen sich symbolisch links und rechts. Dann versucht ihr, euch gegenseitig die Daumen runter zu drücken. Wer zweimal gewinnt, hat ein Getränk gewonnen.)

16. Baby Entchen

(Sie nehmen die Hand des Targets so, als würden Sie bei ihr die Hand lesen. Dann sagen Sie zu ihr, während Sie gleichzeitig mit Ihren Fingern die folgenden Dinge in ihrer Hand vorzeigen)

PUA: „Schau her, hier ist ein Fluss und hier ist eine Entenfamilie mit Mami und Papi und lauter kleinen Babyentchen. Auf der anderen Seite ist ein kleines Entenbaby vergessen worden und hat sich das Flügelchen gebrochen.

Jetzt die Frage: wie kommt das kleine Entenbaby wieder zu seiner Familie?"

(Sie lassen sie ein bisschen raten und am Schluss sagen Sie:)

PUA: „Ich weiß es auch nicht, ich wollte nur ein bisschen deine Hand halten."

17. Zaubertrick

(Bei einer Gruppe).

PUA: „Hey Leute, ich weiß einen genialen Zaubertrick! Wollt ihr ihn sehen?"

HB: „Ja cool, wir haben alle Sendungen von Uri Geller gesehen."

PUA: „Ok, dann schließt mal die Augen."

(Wenn alle die Augen geschlossen haben, nehmen sie die Hand vom Target und gehen mit ihr wo anders hin.)

18. Handshake

(Bei der Verabschiedung sagen Sie:)

PUA: „Komm Sarah, wir beide machen uns jetzt einen Handschlag aus, den keiner kennt, und das ist dann ab jetzt unser kleines Geheimnis."

(dann zeigen Sie ihr einen coole Handschlag, die Sie schon zuhause mit einem Wing gut einstudiert haben!)

19. Titten-Berühr-Methode

(Wenn Sie mit einem Target im Gespräch sind und Sie eine Flasche Bier in der Hand halten, halten Sie sich das Bier so hoch vor Ihrer eigenen Brust, dass Sie die gleiche Höhe haben wie die Brust der Frau. Und während Sie so mit ihr sprechen, streifen Sie immer wieder mal, aber ganz leicht und unscheinbar, die Brust des Targets. Das geht am leichtesten bei lauter Musik, weil man da sehr nahe beisammen stehen muss, um sich gegenseitig zu verstehen. Ihr Target bekommt dies unterbewusst mit und wird dadurch sehr erregt.)

20. Pussy-Berühr-Methode

(Sollte erst angewendet werden, wenn man sich schon gut kennt.)

Dazu stehen Sie parallel und leicht seitwärts vor ihrem Target. Nun sagen Sie:

PUA: „Komm Sarah, lass uns gehen."

(Dabei machen Sie eine Handbewegung nach hinten, als würden Sie nach ihrer Hand greifen wollen, und dabei streifen Sie ihre Genitalien ganz unabsichtlich.)

21. Promi-Routine

1. Sie ziehen sich einen tiefschwarzen Anzug, ein weißes Hemd mit Krawatte und schwarze Lackschuhe an.
2. Sie benötigen dazu ein paar Wings. Einer, der als Bodyguard dient und andere, die als Fans dienen.
3. Sie gehen mit Ihrem Bodyguard -Wing in ein Lokal, Club etc.
4. Ihre anderen Fans – Wings warten schon drinnen oder kommen später nach.
5. Dann kommen zufällig Fans (Ihre Wings), die Sie als Star erkennen und wollen ein Autogramm von Ihnen haben.
6. Ihr größter Wing steht immer in Ihrer Nähe und beobachtet mit ernstem Gesicht die Umgebung. Er trägt ebenfalls Anzug und Krawatte und tut so als, ob er ihr Bodyguard sei.

Das ist eine garantierte Technik, um an diesem Tag nicht ohne HB nach Hause zu gehen.

Vorher noch Geschichten ausdenken, welch ein Star Sie überhaupt sind und warum Sie gerade jetzt in dieser Stadt sind etc.

(Ihr könnt es so machen, dass jeder mal an einem Wochenende der Promi sein darf.)

22. Bahn-Date-Routine

Sie kaufen sich das günstigste Wertkarten bzw. Prepaid Handy.

Wenn Sie mit dem Zug unterwegs sind, dann flirten Sie mit dem Target bis zum allerletzten Zeitpunkt, wo Sie aussteigen müssen, dann tun Sie so, als ob Sie es übersehen hätten, dass Sie schon gleich aussteigen müssen und dass es sich jetzt nicht mehr ausgeht, die Nummern zu tauschen.

Dann fällt Ihnen zufällig ein, dass Sie auch ein Prepaid bzw. Wertkarten Handy dabei haben. Sie geben ihr das Handy in die Hand und sagen:

PUA: „Ich ruf dich am Abend an." Dann steigen Sie aus.

(Es ist so gut wie sicher, dass ihr euch wieder seht)

23. Handlesen Routine 3

(Sie nehmen die Hand vom Target und schauen sie dann ein bisschen komisch an. Dann sagen Sie)

PUA: „ Oh mein Gott, seit wann ist das so? Wie viele Leute wissen davon?"

(Das Target wird platzen vor Neugier)

24. Handlesen Routine 4

(Sie nehmen die Hand des Targets, tun so, als würden Sie was aus ihrer Hand lesen, dann schauen Sie sie an und sagen:)

PUA: „Oh mein Gott, wenn ich da so schaue, kommst du heut vor halb 6 Uhr früh nicht nach Hause."

Kiss-Close-Routinen

Anmerkung:
Gerade beim Kuss fehlt den meisten Männern der Mumm, die eigenen Lippen auf die der Frau zu drücken. Um eine der schönsten Sachen der Welt genießen zu können, ist aber kein Zauberwerk nötig. Oft fehlt - vielleicht gehören auch Sie dazu - einfach nur das Wissen, wie man die Lippenberührung am geschicktesten und attraktivsten einleiten kann.

Genau dies tun Kiss-Close-Routinen für Sie. Sie sind ein Hilfsmittel, mit dem Ihnen das Küssen beim nächsten Versuch garantiert und ohne Magenkrämpfe gelingen wird.

1. Vertrauenstest
Anmerkung: Für das Niederschreiben aller positiven Auswirkungen dieses Tests könnte ich ein ganzes Buch schreiben, aber vielleicht kommt es Ihnen sehr entgegen, wenn ich Ihnen die wichtigsten Auswirkungen nenne und mir das theoretische Herleiten spare. Im Grunde geht es um zwei Dinge:

1.) Erzeugen sie bei ihrem Target beim Anwenden des Vertrauenstests unglaublich gute, anregende Gefühle, die unter die Haut gehen.

2.) Kommen Sie dem folgenden Kuss auf der emotionalen Ebene so nahe wie nur möglich und es ist ein Leichtes für Sie, ihr

Target zu küssen – zumindest solange sie nach diesem Test Ihnen nicht schon zuvorkommt.

PUA: „Du Nadja, ich mach mit dir jetzt einen Test, der dir gefallen wird! Er wurde in den Vereinigten Staaten entwickelt und in Zusammenarbeit mit dem Max-Plank-Institut nochmal optimiert. Klingt auf den ersten Blick nicht so spannend, aber lass dich überraschen, denn er heißt „Vertrauenstest." Mit diesem Test kann man bestimmte Dinge vorhersagen, ohne dass wir auch nur ein Wort darüber wechseln. Ok, mach es Dir einfach mal so richtig bequem neben mir.

Nun kralle dich mit den Fingern deiner rechten Hand auf meinem linken Handrücken so ein, als ob du mich kratzen möchtest und mit deiner linken Hand umschließt du den Zeige- und Mittelfinger von meiner rechten Hand, damit wir eine gute emotionale Verbindung haben. Sehr gut! Nun schaust du mir ganz langsam abwechselnd auf mein linkes Auge, dann auf meine Lippen. Anschließend wieder auf mein linkes Auge und dann wieder auf meine Lippen - du verstehst den Ablauf?

Ok, jetzt fühle mal so richtig in dich hinein und achte darauf, ob du ein Gefühl im Bauch oder in der Magengegend spürst. Was fühlst du genau? Wie fühlt es sich genau an?

Kannst du auch eine Farbc wahrnehmen, die es ausstrahlt?"

HB:"?"
Ok, Nadja, wenn du etwas spürst, und wenn das Gefühl angenehm ist, dann ist das der Beweis deines Herzens, dass du dem Menschen, mit dem du den Test machst, vertraust und dass die Chemie zwischen euch beiden stimmt."

2. Leidenschafts-Test
PUA: „Ich bin ja so der wählerische Typ und ich habe da was gelesen von einem wissenschaftlichen Leidenschaftstest. Wenn du willst, zeig` ich ihn dir. Also, Forscher von der Londoner Universität haben bei einer Studie herausgefunden, dass bei besonders leidenschaftlichen Menschen das Herz bei bestimmten Reizwörtern aussetzt. Dieses Aussetzen des Herzens nennt man Orientierungsreaktion.
Zum Beispiel beim Niesen setzt bei allen Menschen für einen Bruchteil das Herz aus."

PUA: „Gib mir mal deine Hand, ich brauch den Puls (so tun als würden Sie ihren Puls messen).
Ich sag dir jetzt abwechselnd ein Wort ins Ohr und du brauchst nichts zu tun, als an das bestimmte Wort zu denken, ok.
(JETZT GANZ NAH AN IHR OHR: UND JEWEILS EIN WORT MIT VIEL WARMER LUFT UND EROTISCHER STIMME IN IHR OHR FLÜSTERN).
Wenn das Wort fertig gesprochen ist, ein paar Sekunden warten, als würden Sie die Reaktion vom Puls messen, dann von ihrem Ohr langsam weg und bei ihren Lippen vorbei und in ihre Augen schauen. Dann in ihr anderes Ohr. Beliebig können Sie sie selber auch noch die

Wörter langsam sagen lassen usw. ... Wörter
können beliebig sein: Schokolade, Weihnachten,
Liebe, Wärme, Sex, Orgasmus... Sie werden es
spüren, wenn Sie genug Nähe aufgebaut haben,
dann brauchen Sie nur noch bei den Lippen stehen bleiben und ihr in die Augen schauen und
nach vor, BINGO. Sollten Sie das Gefühl haben,
dass das Ganze zu früh ist, können Sie sagen:)
PUA: „Ok, du bist ein leidenschaftlicher
Mensch, der sich nach Zärtlichkeit sehnt."

3. Spannungs- Test
PUA: „Komm, wir machen mal einen Span-
nungstest, der ist echt genial!"
(ihr steht oder setzt euch gegenüber und schaut
euch in die Augen)
PUA: „Gib mir mal deine Hand, Sarah."
(Sie nehmen ihre Hände, und zwar so, dass beide
Hände sich an der Handinnenfläche berühren, als
würdet ihr mit beiden Händen stopp sagen - in
Brusthöhe. Dann nehmen Sie Targets Hände und
legen sie rechts und links auf Ihre Schulter und
anschließend legen Sie Ihre Hände um Targets
Taille, dass Sie ihren Rücken greifen und massie-
ren können. Dann greifen Sie ein bisschen rum
und sagen so was wie:)
PUA: „Da bist du ein bisschen verspannt."
(Dann schauen Sie ihr in die Augen mit einem
verführerischen Blick und sagen)

PUA: „Bist du ein impulsiver Mensch?"
(Egal was sie sagt, dann küssen Sie sie einfach.)

4. Kuss Wette
PUA: „Ich wette mit dir um zwei Euro, ich kann dir einen Kuss geben, ohne dass ich dich mit meinen Lippen, mit meiner Haut und meinem Körper deine Lippen, deine Haut und deinen Körper berühre. Ok. Schließ mal deine Augen."
(Dann küssen Sie sie einfach).
PUA: „Mist, hat nicht funktioniert. Aber die zwei Euro waren es wert"

5. Kiss Close Routine
Man ist also im Club und hat erfolgreich ein Gespräch mit einem heißen Target angefangen. Viele kennen diese Situation: Man unterhält sich gut und alles läuft super. Jetzt müsste man natürlich langsam zum Kuss überleiten, aber wie? Der Vorteil an der Situation bei Partys und in Clubs ist, man hat Musik, die oft nicht gerade leise im Hintergrund spielt. Der Vorteil dabei ist, dass man beim Reden wenig versteht, wenn man sich nicht näher kommt. Und das ist auch die Technik zum Küssen. Beim Sprechen in das Ohr der Frau reden und dabei leicht mit dem eigenen Gesicht ihres berühren. Dann abwechselnd ins eine und ins andere Ohr reden. Dabei den Kopf bedacht und nicht zu schnell bewegen und immer etwas länger am Ohr verweilen. Durch die Nähe deines Mundes zu ihrem Gesicht und deine Berührungen baut sich so schnell eine sexuelle Spannung auf. Als nächstes beim Ohrwechsel in ihre Augen schauen. So merkt man schnell, wie weit sie ist. Wenn man jetzt den Kopf immer langsamer

bewegt, einfach beim Seitenwechsel nah an ihrem Mund stehenbleiben und küssen. Erfahrungsgemäß ist der Kuss hier kein Problem mehr, da man schon so viel Körperkontakt mit ihrem Gesicht hatte, dass sie nur darauf wartet. Natürlich geht das am besten in lauter Umgebung. Entscheidend ist, sich Zeit nehmen und langsam den Körperkontakt verstärken.

6. Evolutions-Phasentrick

(Erzählen Sie ihr, wie gut sie riechen würde....am Nacken schnuppern)

PUA: „Weißt du, dass sich Tiere über Gerüche miteinander vertraut machen. Und uns hat die Evolution so ausgestattet, dass auch wir auf bestimmte Gerüche anspringen."

(Dann Körperteile wie Nacken, Ellbogen, Arm beißen - ihr beibringen, welche Bisse in den Nacken Sie am meisten anmachen! Ein Kuss ist dann nicht mehr schwer).

7. Photo Kiss Close Trick

(Sie haben mit einem Target schon einen guten Rapport aufgebaut und alles läuft gut.

Irgendwann, wenn der Zeitpunkt passt, sagt Ihr Wing zu euch beiden:)

WING: „Komm, gib mir mal deinen Fotoapparat, (den Sie natürlich zufällig dabei haben).

Ich knipse mal ein feines Foto von euch beiden Hübschen."

Wing: „Stell dich mal zu ihr und gib ihr einen Kuss auf die Wange." (Wing drückt ab).

Wing: „So, Sarah, jetzt gibst du ihm einen Kuss auf seine Wange." (Wing drückt ab).

Wing: „So, jetzt gebt ihr euch beide noch einen Kuss auf die Lippen."
(Wichtig! Wing drückt erst ab, wenn Sie schon mit dem richtigen Küssen begonnen haben).

8. Triangelblick
Dies ist ein Verstärker von Emotionen, sodass sie einen stärkeren Drang verspürt, Sie zu küssen.

Wenn Sie knapp davor sind, das Target zu küssen: Schauen Sie zuerst in Targets linkes Auge, dann, nach ein paar Sekunden, schauen Sie in ihr rechtes Auge, dann, wieder nach ein paar Sekunden, schauen Sie auf ihre Lippen, und dann, nach einigen Sekunden, schauen Sie wieder in ihr linkes Auge. Und dann schließlich, nach ein paar Sekunden, küssen Sie das Target.

9. Sexueller Spannungsaufbau
Langsamer sprechen, Stimme senken, ab und zu auf ihre Lippen schauen, schnuppern an ihren Haaren und ihr sagen, wie gut ihre Haare riechen würden, warmen Atem in ihr Ohr, Berührungen an der Innenseite der Schenkel, Innenseite der Unterarme, hinter dem Ohr, Außenseite der Brüste drüber streichen, dann Triangel-Blick.

10. Uri Geller
PUA: „Sarah, ich kann ein bisschen hypnotisieren. Bei Uri Geller haben sie das gezeigt. Auf jeden Fall haben sie gesagt, dass man, wenn man einer Person in das linke Auge schaut und sich sehr stark konzentriert, und sich die Hände vom Gegenüber berühren, dieser das jeweilige Gefühl

und die Farbe, auf die sich der andere konzentriert, wahrnehmen kann.

PUA: „Ok, gib mir deine Hände und denk jetzt an ein Gefühl und an eine Farbe. Ich versuch es wahrzunehmen."

(Sie schauen ihr tief in ihr linkes Auge, dann sagen Sie so was wie ...).

PUA: „ Ich nehme eine rote Farbe und ein warmes angenehmes Gefühl wahr."

HB: „?"

PUA: „So jetzt bist du an der Reihe, schau mir in mein linkes Auge."

(ab jetzt schauen Sie ihr tief in ihr linkes Auge und stellen sich vor wie Sie gerade so richtig ... Liebe mit ihr machen, das erzeugt ein intensives Gefühl in ihr)

11.

Kurz vor dem Küssen streicheln Sie ihr mit den Fingern eine C-Form seitlich auf der Wange, so als würden Sie ihr die Haare ein bisschen zur Seite streichen. Das hat einen stimulierenden Effekt!

Man kann das super mit dem Triangel-Blick kombinieren.

12.

90 % des Weges, bis sich eure Gesichter berühren, gehen Sie, die restlichen 10 % vom Weg muss das Target gehen, sonst ziehen Sie sie bei ihrem Kinn spielerisch her.

13.

PUA: „Willst du mich küssen?"

Bei vielleicht sagen Sie:

PUA: „ Lass es uns mal probieren."

Bei nein sagen Sie:

PUA: „Ich habe nicht gesagt, dass du darfst du Luder , du hast nur so ausgesehen, als ob dir was Bestimmtes durch den Kopf geht."

14. Küsschen-Methode

Wenn Sie ein Date haben, begrüßen Sie das Target mit einem Küsschen rechts und links und verbleiben dann mit Ihren Lippen ungefähr fünf bis zehn Zentimeter vor ihren Lippen und warten kurz.

Wenn sie Sie auf Ihre Lippen küssen möchte, kann sie dies nun tun. Wenn nicht, fahren Sie ganz normal mit einem Gespräch fort.

15.

(Kiss Close Routine wenn mehrere Freundinnen beisammen stehen)

PUA: „Kommt, ich zeig euch kurz mal einen Zaubertrick - schließt mal eure Augen." (Danach küssen Sie die Schönste).

16. Verabschiedung

PUA: „So jetzt schauen wir mal, ob du international bewandert bist!"

PUA: „Weißt du, wie sich die Schweizer verabschieden?"

(du gibst ihr ein Küsschen links, rechts und wieder links auf die Wange).

PUA: „Ok, sehr gut. Weißt du auch, wie sich die Afrikaner verabschieden? Man reibt sich mit der Stirn" (Ausführen).

PUA: „Ok weißt du wie sich die Eskimos verabschieden? Sie reiben sich mit der Nase." (Ausführen und dann sofort einen Kuss geben).

Number Close

Anmerkung:
Wie alle Männer wissen, ist es gar nicht so einfach, nach einem eigentlich erfolgreichen Flirt, einer Frau ihren numerischen Code zu entlocken. Mit den hier gezeigten, genialen Techniken kann diese erfolgskritische Stelle für Sie in Zukunft jedoch kinderleicht sein!

1. Magic Number Close

PUA: „Ok, Sarah, lassen wir das Schicksal entscheiden. Ich zeig dir was. Ich mach jetzt aus einem Stück Papier lauter Papierkugeln und bei einer schreibst du deine Telefonnummer darauf. Wenn du mir, nach deinem durchmischen, die richtige gibst, dann hat es so sein sollen und das Schicksal hat es gut mit uns gemeint."

(Sie geben ihr auch ein Papierstück, dann kugeln Sie lauter Papierkugeln zusammen und eine Kugel verstecken Sie heimlich in der rechten Hand zwischen Daumen und Zeigefinger.

Anschließend lassen Sie das Target die Telefonnummer, die Sie nicht sehen dürfen, auch zu einer Kugel zusammenrollen. Dann halten Sie dem Target die rechte Hand so hin, wo Sie die leere, weiße Kugel versteckt halten, dass das Target die versteckte Kugel nicht sehen kann.

Wenn das Target Ihnen dann die Kugel mit der Telefonnummer in ihre Hand legt, lassen sie wieder eine Kugel zu den anderen leeren Kugeln die schon auf den Tisch liegen fallen.

(ABER LASSEN SIE NICHT DIE KUGEL MIT TARGETS TELEFONNUMMER FALLEN, sondern die andere, leere, die Sie versteckt zwischen Daumen und Zeigefinger gehalten haben). Dann soll das Target die Kugeln am Tisch durchmischen.

PUA: „So, liebe Sarah, jetzt gibst du mir einfach eine Kugel deiner Wahl in meine Hand."

Das Target gibt ihnen eine, egal welche, denn die echte haben Sie schon längst irgendwo versteckt. Und das Schicksal hat es wieder einmal sehr gut mit Ihnen gemeint.

2. PUA Number Close

PUA: „OK, Sarah, es war echt ein interessantes Gespräch mit dir, aber ich muss jetzt wieder weiter. Wenn es dir auch gefallen hat, dann können wir das Gespräch ein anderes Mal fortsetzen, vielleicht bei einer ruhigeren und angenehmeren Umgebung. Tipp dir einfach mal meine Nummer in dein Handy rein. Hast du ein Handy dabei?"

(Während das Target ihr Handy herausholt, (ganz wichtig), reden Sie mit dem Target weiter und greifen ganz natürlich nach Targets Handy, als würden Sie ihr Ihre Nummer rein tippen.)

(ganz wichtig WEITERREDEN.) Und wenn Sie dann Ihre Nummer hinein getippt haben, drücken Sie gleich auf anrufen, und Bingo, Sie haben Targets Nummer.

3. Nachbrenner

(Wenn das Target noch unschlüssig ist)

PUA: „Ok, Sarah, jetzt pass mal auf. Ich weiß, dass hier viele Idioten herumlaufen und ich weiß auch, dass dich wahrscheinlich auch viele Idioten ansprechen, aber ich sag dir eins, ich bin nicht so und ich gebe dir jetzt noch eine zweite Chance mich kennen zu lernen, sonst könnte es vielleicht passieren, das wir beide genau den Typ Menschen verpassen, auf den wir schon das ganze Leben lang gewartet haben."

4. Natural Number Close

PUA: „So, Sarah, es war sehr nett, mich mit dir zu unterhalten, aber ich muss jetzt weiter. Wenn du Lust hast, können wir das Gespräch gerne mal ein anderes Mal weiterführen, vielleicht in einer etwas ruhigeren und angenehmeren Atmosphäre. Wenn du willst, können wir ganz unverbindlich Nummern austauschen und ich schreibe dir eine kurze SMS oder so."

5. Blind Date Number Close

(Sie haben mit einem Target ein angenehmes Gespräch und ihr fühlt euch beide richtig wohl)

PUA: „Weißt du was, Sarah, ich mach dir jetzt ein geniales Angebot, eines, das du nicht ausschlagen kannst. Wir machen uns ein Blind Date aus. Wir treffen uns am (zwei Tage später) um 20 Uhr im Café…!"

HB: „Wieso Blind Date? Wir haben uns doch gerade schon kennengelernt?"

PUA: „Ist doch egal, Sarah, aber es wird dir richtig gefallen. Du musst mir nur versprechen, dich die zwei Tage nicht bei mir zu melden."

HB: „Ich kann mich ja gar nicht melden, ich hab ja gar keine Nummer von dir."

PUA: „Ah ja, stimmt. (Pause und ein bisschen grübeln) Ok, tipp dir einfach zur Sicherheit mal meine Nummer rein."

(Target holt das Handy raus, und während Sie Ihre Vorwahl rein tippt, sagen Sie)

PUA: „Warte mal, gib her (einfach so tun, als hätten Sie eine schwierige Nummer - Ganz wichtig über was anderes weiter reden) und tippen Ihre Nummer rein und tippen dann gleich auf Anrufen, dann haben Sie auch ihre Nummer.)

6. (Z.B. gerade beim Weggehen mit einer eher unbekannten Gruppe).

PUA: „Sarah, gibst du mir deine Nummer? Falls du unterwegs verloren gehst."

7.

(Wenn das Target beim Nummernaustausch zögert)

PUA: „Schreib sie einfach auf, das ist OK." (gleichzeitig leicht mit dem Kopf nicken).

8.

(Wenn zwischen Ihnen und dem Target schon guter Rapport besteht und das Target mit dieser Frage absolut nicht rechnet).

PUA: „Gibst du mir deine Nummer einfach so aus spontaner Gemütlichkeit heraus?"

AMOG

Anmerkung:

Das Kapitel Amoging bietet eine Sammlung von Techniken, mit denen Sie männliche Konkurrenten im Wettstreit um eine schöne Frau kinderleicht ausschalten können. Dabei manövrieren Sie diese Männer ins Aus, indem Sie sie in ein schlechtes Licht rücken.

1. (Die Situation: Ein Typ versucht Ihnen mitzuteilen, dass Sie nicht so frech mit Frauen umgehen dürfen, oder er versucht Sie vor den Frauen schlecht zu reden)
   PUA: „Hey, mach mal die Beine breit!"
   Typ: „Wozu soll das denn gut sein?"
   PUA: „Mach deine Beine breit, damit ich dir in deine Vagina treten kann."

2. (Situation: Ein Typ nähert sich Ihrer Gruppe und beginnt einen Flirt mit den Mädels).
   PUA: „Hey Mann, was für ein cooles Shirt/Hemd. Genau dasselbe hatte ich in der Schulzeit auch an, hmm damals bei der Klassenfahrt nach Wien, was für eine schöne Zeit."

3. (Situation: Ein Typ nähert sich Ihrer Gruppe und beginnt einen Flirt mit den Mädels).
   PUA: „Hey, jetzt sei doch nicht so schlecht drauf, weil deine Jungs sich da hinten über dein Flirten lustig machen."

4. (Situation: Er macht einen Witz, um die Frauen für sich zu gewinnen)
   PUA: „Wow, das war richtig gut, du bist voll der Comedian!"

Boyfriend-Destroyer

Anmerkung:
Boyfriend-Destroyer sind Kniffe, mit deren Hilfe Sie den Freund einer Frau wirksam abwerten und unattraktiver machen können.

Erwähnt eine Frau das nächste Mal, dass sie vergeben ist, gelingt es Ihnen, mit diesen Tricks das Punktekonto ihres Partners deutlich zu schmälern. Das ist Ihr Vorteil und der Grund, warum der Flirt an der Stelle weiter geht, denn Frauen sind permanent auf der Suche nach einem noch besseren Mann.

1. PUA: „Je nachdem, wie du dich fühlst, ist es für dich angenehm eine von vielen zu sein oder willst du etwas Besonderes sein?"
    (Dann würde noch passen)
    „Wir wissen doch beide, dass Aussehen nicht alles ist."

2. PUA: „Ja sicher hast du einen Freund, aber... kennst du das Gefühl, dass du dir nicht mehr so sicher bist, ob die Beziehung Sinn macht und du immer wieder überlegst, ob du noch immer uneingeschränkt glücklich in der Beziehung bist?"

3. PUA: „Hey, wir sind hier in (ihre Stadt). Dinge verändern sich, Ereignisse geschehen. Ich sag dir was. Ich nehme deine Nummer und schreibe dir genau in drei Monaten eine SMS. Wenn du dann Single

sein solltest, können wir uns treffen. Wenn nicht, freue ich mich für dich!"

4. PUA: „Wow, brems mal. Ich möchte nur mit dir reden und du denkst gleich an mehr. Da sollte ich doch lieber Angst vor dir haben."

5. PUA: „Super, und ich habe einen Goldfisch."
   Target: „Hallo, was hat das mit meinem Freund zu tun?"
   PUA: „Ach so, ich dachte es, ginge um irrelevante Dinge."

6. PUA: „Hey, ich bin mir sicher, dass er echt sehr nett ist. Aber sorry, ich möchte ihn nicht kennenlernen. Ich interessiere mich viel mehr für dich."

7. PUA: „Wie nur einen? Ich dachte, das wäre total out?"

8. PUA: „Cool, er kümmert sich bestimmt sehr um dich. Bestimmt wird er bald um deine Hand anhalten und ihr werdet heiraten. Dann zieht ihr aufs Land in ein Einfamilienhaus, du fährst einen Familienkombi und du hast die Kinder um dich herum. Und dann gibt's auch keinen Sex mehr. Aber hey, wer will schon Spaß und Freiheit haben. Ein Familienkombi und die Landluft sind doch super.

Romantik pur

Anmerkung:
Hier gibt's zum Abschluss noch gute Tipps, wie Sie sich ein ganz bedeutendes Alleinstellungsmerkmal schaffen:
Indem Sie nicht nur durch die bisher ausgeführten Techniken und Kniffe selbstbewusster sind, sondern zusätzlich auch noch romantischer als andere agieren.
Das ist eine Mischung, die Frauen heutzutage bei fast keinem anderen Mann finden und damit Ihr Erfolgsrezept.

Sollten sie einen guten romantischen Einfall haben, freue ich mich, wenn Sie mir diesen an **info@routinen.com** schicken.

1. Flaschenpost

Eine super süße Idee ist, Ihrer Angebeteten eine Flaschenpost zu schicken. Dazu brauchen sie eine Flasche Champagner, Sekt oder was auch immer ihr beide gerne trinkt, und z.B. ein kleines Probe-Parfümfläschchen, von denen es in manchen Läden Proben umsonst gibt. In das Fläschchen legen sie einen kleinen Zettel mit einer süßen Nachricht und verschließen es wieder gut. Dann versenken sie Ihre süße Flaschenpost in der großen Flasche und verschließen diese ebenfalls wieder sauber.
Es kann sein, dass ihr erst die ganze z.B. Sektflasche austrinken müsst, um an die Nachricht zu kommen. Eine andere Möglichkeit ist, einen kleinen Faden am Korken oder Deckel und

natürlich auch an der Liebesbotschaft fest zu machen. Wunderbare Romantik.

2. Kontoauszug Nachricht

Sie Überweisen 1 Euro auf das Konto Ihrer Traumfrau mit einem netten Text, z.B. „Du bist wertvoller als alles Geld der Welt" oder einfach nur „Ich liebe dich".

3. Selbst ist der Juwelier

Sie gehen zum Chef Ihrer Freundin und weihen ihn ein, dass Sie Ihre Partnerin überraschen wollen. Versuche einen Tag Sonderurlaub rauszuholen. Wenn sie morgens zur Arbeit kommt, soll der Chef sagen, dass er wenig Zeit hat und sie doch bitte zum Juwelier gehen und ein Päckchen auf den Namen des Chefs holen soll. Wenn sie nun beim Juwelier ankommt, sollte der Juwelier auch eingeweiht sein. Nun, wenn der Juwelier das Päckchen von hinten aus einem anderen Raum holt, kommt nicht er, sondern Sie hervor und schenken Ihr einen Ring oder ein paar Ohrringe und sagen ihr, dass Sie sie lieben und gehen dann mit ihr romantisch Essen.

4. Picknick unterm Sternenhimmel

Sie brauchen ein Teleskop, frische Erdbeeren, Sekt und eine Decke.
Bei der nächsten sternenklaren Nacht und Vollmond suchen Sie sich mit Ihrer Süßen einen schönen Platz, vielleicht am Waldesrand, wo man in der Nähe einen Bach rauschen hört, und wo man die ganze Stadt überblicken kann. Während Sie sie mit Sekt und Erdbeeren füttern,

zeigen Sie ihr den hellsten Stern am Horizont und benennen ihn nach ihrem Namen!

5. Sababurg

Wenn Sie mal romantischer als Ihre lieben Mitbewerber sein wollen, hab ich hier einen ganz besonderen Tipp für Sie. In Deutschland gibt es das Märchenschloss „**Die Sababurg**" – Genießen Sie die Zeit mit ihrer Prinzessin!
http://www.sababurg.de/

6. Teelicht Date

Wenn Sie Ihr Date z.B. bei McDonalds planen (was übrigens sehr witzig ankommt), vergessen Sie nicht darauf, ein Teelicht und Feuer mitzunehmen - Bei McDonalds packen Sie dann das Teelicht aus, stellen es auf den Tisch und zünden es an.

7. Der klassische Weg aus Kerzen

Sie legen zu Hause einen Weg aus Kerzen oder Teelichtern. Teelichter passen prima dafür und sie machen ein super romantisches Licht. Der Weg führt mit romantischer Hintergrundmusik z.B. von der Eingangstür ins Bett, wo schon eine Überraschung auf Ihren Schatz wartet. Umrandet mit vielen Rosenblüten - und vielleicht sind ja Sie die Überraschung. Der Phantasie sind keine Grenzen gesetzt.

8. Gänseblümchen

Sie pflücken viele Gänseblümchen und binden diese mit einen Gummiband zusammen. Dann sprühen Sie ihren Lieblingsduft darauf und schenken Sie ihr den Strauß mit den begleitenden

Worten:

„Auch wenn ich die halbe Welt auf Blumen absuchen würde, wird sich doch keine einzige Blume auf dieser Welt finden, um dir mit dieser sagen zu können, wie sehr ich dich liebe."

9. Geburtstagsgeschenk

Sie produzieren ein Video gemeinsam mit der besten Freundin Ihrer Geliebten. Ihr spielt eine kleine Geschichte darauf, und dann gehen Sie noch zu ihren gesamten Freunden, Bekannten und Verwandten und nehmen von jedem einen Geburtstagsgruß darauf auf.

Last Minute Resistance

Anmerkung:

LMR- Last Minute Resistance ist eine von Frauen aus der Steinzeit mitgenommene Urangst. Früher, also in der Steinzeit, ist eine Frau nach dem Sex mit einem Mann fast immer schwanger geworden. Wenn der Mann dann das Interesse an der Frau verloren und sie verlassen hat, sind sie und ihr Kind verhungert, da es niemanden gab, der sie mit Nahrung versorgen konnte. Deswegen haben Frauen kurz vor dem Sex LMR.

Das tritt am häufigsten beim Öffnen des Büstenhalters oder beim Runterziehen des Slips auf. Natürlich haben wir auch hier für Sie ein paar gute Techniken.

1. PUA: „Ok. Magdalena, ich sag` dir eins: ganz egal, was wir machen, ich möchte, dass du weißt, dass du jederzeit stopp sagen kannst. Wenn ich dich irgendwo berühre und du möchtest das nicht, sag einfach stopp, das ist ok für mich. Für mich ist es ok, wenn es für dich ok ist. Solltest du dich zu irgendeiner Zeit nicht wohl fühlen, sag einfach stopp, es ist in Ordnung für mich und ich werde das zu jeder Zeit respektieren, Magdalena."

2. PUA: „Schatz, wenn zwei Menschen das passiert, was uns zwei passiert ist, wenn jede Faser deines Körper dir sagt, dass da zwischen uns beiden irgendetwas Magisches, Einzigartiges ist, und wenn du die Gewissheit

spürst, dass das, was wir beide machen, gut und richtig ist, dann sollst du deine Augen schließen und auf das hören, was dein Herz dir sagt."

3. PUA: „Julia, ich würde am liebsten mit dir Sex haben, aber ich möchte dich erst besser kennen lernen. Am liebsten, Julia, würde ich dich am ganzen Körper küssen, aber das ist einfach zu früh. Oh mein Gott, ich würde jetzt sofort deinen... hmm, ach nein, einfach zu früh."

4. PUA: „Weißt du was, Melanie, ich hatte mal einen One Night Stand, das war echt prickelnd und spannend, wir hatten echt intensiven Spaß miteinander. Aber am nächsten Tag, Melanie, als ich in meiner Kneipe war, hat mich einer wegen der Geschichte angeredet. Ich bin fast aus allen Wolken gefallen. Das fand ich echt blöd von ihr, das hätte ich echt nicht gedacht. Warum müssen gewisse Menschen immer alles ausplaudern, man kann auch genießen und schweigen – findest du nicht auch Melanie...."

Wingman-Technik

Anmerkung Wing:
Ein Wing ist frei übersetzt Ihr Flügelmann. Ein guter Freund oder Flirtkumpane, der Ihnen den Rücken freihält oder Sie beim Erobern von Frauen(-gruppen) unterstützt, in dem er sich zum Beispiel mit der Freundin Ihres Targets beschäftigt, oder zeigt, dass Sie nicht alleine unterwegs sind.

Hier finden Sie eine Ansammlung von Techniken, mit denen die Zusammenarbeit mit Ihrem Wing reibungslos und effizient funktionieren wird, ohne dass Ihr Target mitbekommt, wie Ihr Eroberungsplan aussieht.

1. Sie reden mit zwei HBs und dann kommt Ihr Wing zufällig vorbei und fragt Sie:

   WINGMAN: „Hey, hast du die Sarah wo gesehen?" (Und jetzt kommt es darauf an, was Sie sagen. Wenn Sie als erstes sagen:)
   PUA: „**JA**, die ist in den Apple Store reingegangen und dann trifft sie sich mit einer Freundin!"
   (Und gleichzeitig kratzen Sie sich am OHR)
   „**JA**" heißt für Ihren Wing, „**JA**", Sie brauchen Unterstützung!
   (Rechtes Ohr kratzen bedeutet: „Unterhalte die rechte HB")
   (Linkes Ohr kratzen bedeutet: „Unterhalte die linke HB")
   Variante 2

WINGMAN: „Hey, hast du die Sarah wo gesehen?"
(Wenn Sie dann sagen)
PUA: „**NEIN**, ich weiß auch nicht, wo sie hingegangen ist."
Das ist dann das Zeichen für ihren Wing das Sie ihn nicht brauchen, da Sie als erste Antwort **NEIN** gesagt haben.

2. Sie und Ihr Wing reden mit zwei Targets in einem Club und die Targets stehen euch Angesicht zu Angesicht gegenüber. Dann passiert meistens, dass, wenn den Mädels langweilig wird oder es ihnen nicht gefällt, sie sich heimlich anschauen und sich Zeichen geben. Und sagen dann zu Euch z.B. HB: „Wir müssen auf die Toilette" oder Ähnliches.

   Jetzt der Trick: Wenn ihr mit den HBs redet, dreht ihr euch während des Gesprächs in Minischritten so, dass die zwei HBs am Ende Rücken an Rücken stehen, während Ihr Wing und Sie sich gegenseitig gut sehen können (die Mädchen werden automatisch folgen sofern ihr weiter redet).

   Dann können sich die beiden keine Zeichen mehr geben.

Weblinks

www.Routinen.com

❖ Kostenloses Bonus-Material

www.FlirtenMitSystem.com

❖ Coaching und Seminare
❖ DVDs
❖ Weiterführende Pick-Up-Literatur

www.ZHIconsulting.de

❖ Charisma
❖ NLP
❖ Hypnose

www.OnlineVerfuehren.com

❖ Online Dating auf Autopilot

**Schalte jetzt dein kostenloses
Bonus-Material frei:**

Melde dich auf der Website
www.Routinen.com/bonus einfach mit deiner
eMail an und du erhältst gratis Bonus-Routinen
zugeschickt und Zugang zum exklusiven
Coaching Brief – alles absolut kostenlos.

Das ist mein besonderes Dankeschön an die
Pick-Up-Community und meine treuen Leser!

Das System der Verführung

Unsere Gesellschaft ist verseucht. In deinem Kopf existiert eine Realität, die nicht das Leben selbst geschaffen hat. Vieles von dem, was du vielleicht schon dein ganzes Leben lang unbewusst tust, beeinflusst deine Interaktion mit anderen Menschen auf eine für dich negative Weise. Du hinderst dich nur selbst daran, den Erfolg zu haben, den du dir so sehr wünschst. Jetzt ist die Zeit, etwas zu ändern! Du wirst ein System erlernen, das dir jederzeit, überall und egal woher du kommst, ermöglichen wird, deine Traumfrau anzusprechen, sie in deinen Bann zu ziehen und letzten Endes zu verführen. Dies ist deine Anleitung, die dich Schritt für Schritt auf deinem Weg begleiten wird und keine Fragen offen lässt. Die 3. Auflage ist um zwanzig Seiten erweitert, enthält neue Grafiken und ein Vorwort von Deutschlands bekanntestem Verführungscoach Stefan Strecker. Zusätzlich finden sich schlagfertige Antworten auf die häufigsten weiblichen Fragen, die im Verführungsprozess aufkommen.

Gleich jetzt bestellen auf **www.Amazon.de**

Online Dating 2.0

Online Dating 2.0 ist anders als andere Online Dating Ratgeber, das weißt du. Aber um das volle Potential aus diesem mächtigen Tool zu schöpfen gibt es nur einen Weg: Den Entwickler des Systems live zu erleben!

Dazu hast du jetzt die Möglichkeit: Mit der Online Dating 2.0 Doppel DVD. Du lernst den „Copy & Paste-Weg", die innovativste Strategie im Online Datung und auch die besten Chatting-Tipps für absolut spontane Instant Dates!

Der Copy & Paste Weg ist der heilige Gral des Online Dating - quasi der Stein der Weisen. Sei einfach nur erstaunt, wie simpel es ist. Mit geheimen Tricks des DVD-Workshops kannst du sofort loslegen und in nur 10 Schritten vom Erstkontakt zum Date kommen.

Worauf wartest du?

Bonus Material

Bestell es dir auf **www.OnlineVerfuehren.com** und sichere dir **kostenloses Bonus Material**

Danksagungen

Mein Dank gilt meiner Familie, meinen Freunden und der Pick-Up-Community in Österreich, Deutschland und den Vereinigten Staaten. Insbesondere bedanken möchte ich mich an dieser Stelle bei Pascal „Xatrix" Levin, Oliver „Groom" Walton, Stefan, Markus, Michael, Maximillian, Christian, Erhard, Harald, Hermann, Norbert, Claudia, Nadja, Franziska, Belinda, Nina, Emely und Selina, die mir alle stets mit hilfreichem Rat zur Seite standen.

Ganz besonders bedanken

möchte ich mich bei

Ben Schwarz

für das schöne Vorwort

und die erfolgreiche Zusammenarbeit.

Lieber Leser, auch Ihnen ein herzliches Dankeschön. Ich hoffe, Sie nützen diese Möglichkeit, Ihr Leben so zu gestalten, wie Sie es sich wünschen – und dabei Ehrlichkeit, Liebe und Integrität als zentrale Wesensmerkmale zu verinnerlichen.

Über den Autor

Walter Bodhi beschäftigt sich seit 2002 mit Persönlichkeitsentwicklung und Verführungskunst. Damit zählt er zu den erfahrensten Verführern im deutschsprachigen Raum. Seine Spezialität ist Verführung im Alltag. Anfangs sog er alles Wissen aus der wachsenden Pick-Up-Community der Vereinigten Staaten auf und bastelte sich aus deren Tricks und Techniken ein wirksames Flirtmodell. Er verfeinerte dabei seine Verführungswerkzeuge mit Tools und Lehren aus den Bereichen des NLP, Kahuna, Hypnose, Quantenphysik, der Energie und dem Schamanismus. Die Motivation hinter dem System der Verführung steht unter dem Motto:

Wenn du kommunizierst, dann richtig!

Denn es ist die Kommunikation,

die uns zum Menschen macht.

Gewidmet ist dieses Buch all den wunderschönen, energetischen, abenteuerlustigen, genialen, witzigen, intelligenten und charismatischen Frauen, denen ich auf meinem bisherigen Weg begegnen durfte.

100 € GUTSCHEIN

für ein Live-
Day- or Night-
Coaching

mit
100% Zufriedenheit- oder Geld-Zurück-
Garantie!

Ich werde Ihnen geheime Techniken, Tricks und Kniffe verraten, sodass sich die Ladies den Hals nach Ihnen verrenken!

„Der Unterschied zwischen einem Traum und einem Ziel ist die Tat."

WALTER BODHI

Terminvereinbarung:
walterbodhi@gmail.com